LENOS POCKET 173

www.lenos.ch

Sumaya Farhat-Naser

Verwurzelt im Land der Olivenbäume

Eine Palästinenserin im Streit für den Frieden

Herausgegeben von
Dorothee Wilhelm, Manuela Reimann und Chudi Bürgi

Lenos Verlag

Die arabischen Namen wurden – soweit möglich – in ihrer Schreibweise der deutschen Aussprache angenähert. Zur Erleichterung der Aussprache wurden betonte lange Silben mit einem Zirkumflex (^) versehen.

LENOS POCKET 173

Zweite Auflage 2015

Satz und Gestaltung: Lenos Verlag, Basel
Umschlag: Anne Hoffmann Graphic Design, Zürich
Umschlagfoto: Resi Borgmeier
Printed in Germany

ISBN 978 3 85787 773 5

Inhalt

Palästina ist das Land der Olivenbäume. Sie prägen die Landschaft, und sie symbolisieren für uns Heimat und Verbundenheit mit dem Land. Olivenbäume werden sehr alt, sie überdauern Jahrhunderte, sind sehr bescheiden in ihren Ansprüchen und sehr grosszügig im Geben. Sie spenden Früchte, Öl, Holz und Seife. Standhaft und stolz bewahren sie ihr Wissen und ihre Weisheit. In ihrem Schatten fühlen wir uns geborgen, wir bewundern und lieben sie, wir pflegen und besingen sie. Olivenbäume sind gesegnete Bäume. Sie gehören zu unserem Leben.

Vorwort

Der Nahe Osten brennt. Die Gewaltspirale dreht sich täglich weiter. Die Hoffnung auf ein friedliches Zusammenleben des palästinensischen und des israelischen Volkes ist in weite Ferne gerückt. Während der Arbeit an diesem Buch waren es solche Sätze – unzählige Male gehört und gelesen –, die angesichts der immer weiter eskalierenden Situation unsere Gedanken bestimmten.

Die andauernden Gewalterfahrungen zementierten in den Köpfen der Betroffenen, ihrer Angehörigen, Nachbarinnen und Freunde ein Feindbild der »anderen Seite«. Die Traumatisierungen reichen über Menschenleben und über Generationen hinaus und schaffen kollektive Erfahrungen. Diese Erfahrungen, die zu einer verzerrten Sicht »des Feindes« und seiner Absichten führen, verhindern ein nachbarschaftliches Zusammenleben beider Völker nachhaltig. Sie blockieren nicht nur Friedensverhandlungen, sondern erschweren auch die alltägliche Annäherung und das gegenseitige Verständnis einzelner Menschen auf palästinensischer und israelischer Seite.

Nur wenige haben die Logik der Konfliktparteien bisher zu durchbrechen gewagt. Wer einen Dialog für den Frieden mit der »anderen Seite« sucht, muss bereit sein, eigene Deutungsmuster und das eigene Verständnis der Geschichte zu hinterfragen. Dies haben palästinensische und israelische Frauen entgegen allen Widerständen, auch denjenigen in den eigenen Köpfen, versucht: Sumaya Farhat-Naser zeigt in ihren Erfahrungsberichten und in ihren Konfliktgesprächen mit den israelischen Friedensfrauen Daphna Golan, Gila Svirsky und Terry Greenblatt, welch schöpferische Kraft darin liegt, die eigene, authentische Erfahrung und ihren Kontext in Frage zu stellen. Dabei bleibt ihre Wahrnehmung bei aller Einfühlung in die »andere Seite« notwendigerweise subjektiv, einseitig und parteiisch – ein Anspruch auf Neutralität und Objektivität kann und soll nicht erhoben werden. Denn sie beschreibt aus ihrer Perspektive ein asymmetrisches Verhältnis, das Verhältnis zwischen israelischer Militärbesatzung und dem besetzten palästinensischen Volk. Sumaya Farhat-Naser weiss sich auf einer Gratwanderung. Aber sie weiss, dass Friedensarbeit darauf basiert, neben der eigenen Leidensgeschichte auch die Leiden der anderen Seite gelten zu lassen und zu erinnern.

Die Stimmen der Friedensfrauen in Palästina und Israel sind in den Verhandlungen um Frieden im Nahen Osten kaum beachtet worden. Sie bieten keine Schwarzweisslösungen, keinen Sofortfrieden. Ihre Gespräche sind ernsthafte, beschwerliche, konfliktreiche Versuche, Netze zu knüpfen, die ein Ende der Gewalt denkbar machen und einen friedensfähigen Umgang mit den Traumatisierungen auf beiden Seiten in Aussicht stellen.

Wir hoffen, mit unserer Arbeit dazu beizutragen, dass diese Stimmen gehört werden. Unser Dank gilt Chudi Bürgi für ihre Mitarbeit an diesem Buch, Rosmarie Kurz für ihr Mitdenken bei seiner Entstehung, Willi Herzig für seine Beratung sowie Matthias Hui für die Vermittlung von Kontakten und Informationen.

Manuela Reimann, Dorothee Wilhelm, im Februar 2002

Einleitung

Vor einem Jahr rief mich ein Israeli namens Udi Levy an. Er sagte, er habe meinen Artikel »Warum habt ihr zugewartet?« in einer Schweizer Zeitung gelesen. Er fand ihn beeindruckend und bat darum, ihn in hebräisch publizieren zu dürfen. Udi hatte von Touristen von mir gehört und hatte daraufhin mit mir Kontakt aufgenommen. Als er jetzt meine Worte las, gab ihm das den Impuls, selbst etwas zu tun. Tatsächlich hat er dann den Artikel übersetzt und in der israelischen Zeitung *Haaretz* veröffentlicht.

Seit mehr als zwei Jahren erkundigt er sich immer wieder nach unserer Situation und ist jedesmal schockiert, in welch verschiedenen Welten wir leben, obwohl er nur drei Stunden von mir entfernt in einem Kibbuz in der Nähe von Beerscheba wohnt. Neulich rief er an, entsetzt über das, was er im Fernsehen gesehen hatte, und er wollte wissen, wie es mir gehe. Ich begann zu berichten, und er lud mich ein, ihn zu besuchen.

Er sagte: »Du brauchst dich nur ins Taxi zu setzen und bis Beerscheba zu fahren; dort hole ich dich dann ab.«

»Ich darf mich nicht mehr als zwei Kilometer von hier wegbewegen«, erwiderte ich, »und ich würde auf dem Weg nach Beerscheba mindestens fünfzehn Checkpoints überwinden müssen. Wenn ich überhaupt durchkäme, würde ich gegen Gesetze verstossen und mich strafbar machen, sogar mein Leben stünde auf dem Spiel.«

Er konnte es nicht fassen. Er sagte, er könne überallhin und an den Checkpoints müsse er nicht anhalten.

»Du gehörst eben zu denjenigen, zu denen ich nicht gehöre«, sagte ich ihm. »Du fährst auf Strassen, die ich nicht benutzen darf, und du hast ein Auto mit Kennzeichen, mit denen ich nicht fahren darf.«

Eine Freundin schenkte ihm mein Buch *Thymian und Steine.* Er schrieb mir, er habe es in einer Nacht durchgelesen, und er bedankte sich dafür, dass ich ihm die Augen geöffnet hätte. Er drückte sein Entsetzen darüber aus, dass er so vieles nicht gesehen habe und dass es nicht möglich gewesen sei, diese Dinge zu verhindern. Er wolle dafür sorgen, dass mein Buch ins Hebräische übersetzt werde, und er würde es dann rezensieren. Er wollte, dass wir uns kennenlernten und gemeinsam für Gerechtigkeit und Frieden arbeiteten. Udi ist ein Freund geworden. Er ruft regelmässig an und schickt Mails. Wir warten auf die Zeit, da wir uns treffen können, vielleicht in Jerusalem.

Meine Familie lebt seit Jahrhunderten in Palästina. Hier wurde ich im Jahre 1948 geboren, im Dorf Birseit bei Jerusalem. Der Name Birseit bedeutet Ölbrunnen. Ich wurde im Jahr der Staatsgründung Israels und somit der palästinensischen Nakba (Katastrophe) geboren, als 700 000 Palästinenserinnen und Palästinenser mit Gewalt vertrieben und zu Flüchtlingen gemacht und ihre Dörfer zerstört wurden. Weite Teile meiner Heimat Palästina wurden damals durch die israelische Armee besetzt. Das Westjordanland und damit mein Dorf kamen unter jordanische Herrschaft, viele Menschen aus Birseit und ganz Palästina mussten fliehen. Das Leben war hart für diejenigen, die fliehen mussten, und ebenso für diejenigen, die blieben. Meine Kindheit war von

Armut und Unsicherheit geprägt. Wir mussten hart arbeiten, um genug zu essen zu haben. Dies lehrte uns Kinder teilen und genügsam sein. Ich bekam als Kind viel Liebe und lernte, Verantwortung zu tragen und dankbar zu sein. Meiner Mutter gelang es immer wieder, uns mit Geschichten, Liedern und Spielen den Hunger vergessen zu lassen. Wenn wir hungrig zu Bett gingen, warteten wir gespannt und voller Hoffnung darauf, dass die Henne am Morgen ein Ei legte.

Ich wuchs in einer patriarchalen Gesellschaft auf. Mein Grossvater versuchte, die Mädchen so früh wie möglich zu verheiraten, um seine Familie von der Verantwortung für die Töchter zu entlasten. Als ich vernahm, dass ich mit vierzehn verheiratet werden sollte, wehrte ich mich erfolgreich. Ich blieb im Mädcheninternat Talitha Kumi bei Bethlehem und kehrte erst zurück, als ich die Schule beendet hatte und meine Pläne für ein Studium in Deutschland reif waren. Das Leben im Internat hat mich sehr geprägt und mir meine Berufung – mich für Menschen und Menschlichkeit einzusetzen – klargemacht. Mit Hilfe meiner Mutter, meiner Tante und der Schule konnte ich denn auch in Deutschland Biologie, Geographie und Erziehungswissenschaften studieren. Neben dem Studium arbeitete ich und konnte mit meinem Einkommen meiner Familie in Palästina unter die Arme greifen. Dies zeigte meinem Grossvater, dass auch eine Tochter imstande ist, für die Familie zu sorgen und Verantwortung zu übernehmen. Ich wurde selbstbewusster, und meine Familie begann die Frauen mehr zu achten, so dass auch drei meiner Schwestern eine Ausbildung in Deutschland absolvieren konnten.

In Deutschland wurde ich als Palästinenserin sehr schnell mit der deutsch-jüdischen Geschichte konfrontiert, die mir bis anhin unbekannt gewesen war. Die Auseinandersetzung der Deutschen mit Antisemitismus und Holocaust liess keinen Platz für die palästinensische Geschichte. Wenn ich von unseren Erfahrungen zu erzählen versuchte, bekam ich oft Vorurteile gegenüber den Palästinensern zu hören. Dies war für mich sehr schmerzhaft. Es weckte aber auch meine Neugier und motivierte mich, mich mit der Geschichte zu befassen. Je mehr ich las, desto stärker identifizierte ich mich mit den jüdischen Opfern. Ich erkannte, wie sehr die palästinensische Geschichte ein Teil dieser deutsch-jüdischen Geschichte ist. Tief berührt haben mich Zeugnisse von Überlebenden des Holocaust und von Opfern wie Anne Frank. Ich erfuhr durch diese Berichte auch viel darüber, wie das Mitteilen eigener Gefühle andere Menschen beeindrucken und überzeugen kann. Immer besser lernte ich es, meine eigene Geschichte zu erzählen und von unserer Unterdrückung zu sprechen. Ich konnte aufzeigen, dass wir Palästinenser ebenso wie die Juden für Unabhängigkeit und Freiheit kämpfen, für ein eigenes Land und für Sicherheit.

Als ich nach dem Studium nach Palästina zurückkehrte, war das Westjordanland in der Folge des Krieges von 1967 vom israelischen Militär besetzt. Ich erfuhr all die Repressalien und Ungerechtigkeiten der Besatzung. Es ist oft schwer, die Besatzer als Menschen zu sehen, wenn Familien, auch die eigene, misshandelt werden, ihnen ihr Land weggenommen wird und die Kinder über Jahre der Gefahr ausgesetzt sind, erschossen zu werden. Es fällt schwer, zwischen der Besatzung und den Menschen vom Volk der Besatzer zu unterscheiden, wenn das Alltagsleben von Unterdrückung gezeichnet ist. Die Wut ist oft gross, der Übergang zum Hass nahtlos. Doch ich hatte inzwischen Juden und Jüdinnen kennengelernt, sogar Freundschaften geschlossen, und ich hatte gelernt, dass wir es uns auf keinen Fall leisten können, der Verbitterung und dem Hass Raum zu geben, wenn wir irgendwann in Frieden miteinander leben wollen.

Neben meiner Lehrtätigkeit als Dozentin für Botanik an der palästinensischen Universität Birseit engagierte ich mich in der Frauen- und Friedensarbeit und für die Menschenrechte. Ich knüpfte viele Kontakte zu jüdischen Menschen in Europa und allmählich auch zu israelischen Friedensaktivistinnen und begann, mit ihnen gemeinsame Projekte anzugehen. Diese Zusammenarbeit war alles andere als leicht. Trotz unserer politischen Bildung und unseres Engagements mussten beide Seiten zuerst lernen, miteinander zu sprechen und viele Kränkungen zu ertragen. Manchmal schien es sogar aussichtslos. Wir hatten einander während Jahrzehnten als Feindinnen gesehen, wir kannten uns nicht, und wir akzeptierten zu lange die Barrieren, die das Kennenlernen verhindern sollten. Misstrauen und Angst dominierten die Beziehungen. Dennoch fanden wir zueinander, weil wir an die Möglichkeit eines Friedens glaubten und den Boden für einen friedlichen Weg bereiten wollten. So haben wir trotz aller Hindernisse seit Mitte der achtziger Jahre zusammengearbeitet.

Doch das Scheitern des politischen Friedensprozesses zwischen unseren Regierungen hat die gesamte Friedensarbeit gestoppt, ja in Frage gestellt. Seit dem Beginn des Aufstandes im September 2000, der sogenannten zweiten

Intifada, sind die Kontakte zwischen uns Friedensfrauen abgebrochen. Heute, wenige Tage vor dem Jahresende 2001 und kurz vor der Drucklegung dieses Buches – das dank der intensiven Mitarbeit meiner Schweizer Freundinnen und Freunde Manuela Reimann, Dorothee Wilhelm, Chudi Bürgi, Rosmarie Kurz und Willi Herzig entstehen konnte –, ist die politische Situation scheinbar hoffnungslos. Der Traum vom unbehinderten Reisen im eigenen Land ist wie der Traum von Jerusalem und vom eigenen Staat in weite Ferne gerückt. Die Spirale der Gewalt dreht sich unerbittlich weiter. Aber die Gewalt kann uns nicht aus der Welt schaffen. Sie kann auch die Olivenbäume nicht ausrotten.

Auf der Suche nach neuen Wegen für mein Friedensengagement entschloss ich mich, dieses Buch zu schreiben. Ich möchte meine Erfahrungen der letzten Jahre – seit dem Osloer Abkommen zwischen der palästinensischen Führung und der israelischen Regierung – festhalten. Ich möchte meine Erlebnisse in der Friedensarbeit dokumentieren, nicht nur die vielen Ängste, Verletzungen und Irritationen, sondern eben auch die vielen kleinen Erfolge für ein Stück Verständigung zwischen unseren Völkern. Dieses Buch soll keine politische Analyse der Situation in Palästina sein. Es handelt einfach von meiner Arbeit als Friedensaktivistin, als Frau in Palästina.

Leben in einem besetzten Land
Entwicklungen und Erfahrungen

Es liegt mir viel daran, mit der Erinnerung an einen hoffnungsvollen Tag zu beginnen.

Am 27. Dezember 1995 war unsere Begeisterung gross, als die israelischen Soldaten aus Ramallah abzogen. Zehntausende standen an den Strassen und wollten Zeugen des historischen Ereignisses sein. Hohe Offiziere beider Seiten stellten sich einander gegenüber auf und reichten einander die Hände. Gesänge und Musik, Pfiffe und Hupen übertönten den Motorenlärm der Fahrzeuge. »Verschwindet!« riefen die Menschen den israelischen Soldaten zu. »Betretet nie wieder unseren Boden! Das Blut unserer Kinder klebt für immer an euren Händen.« Den palästinensischen Polizisten riefen sie zu: »Willkommen in Palästina!«

Die palästinensischen Sicherheitskräfte waren verwirrt, gerührt und eifrig bereit, ihre Pflicht zu erfüllen. Sie mussten Palästina erst entdecken. Viele waren eben aus dem Exil zurückgekehrt.

Am nächsten Tag wurden das Gefängnis und die Verwaltungsgebäude der israelischen Militärbehörden in Ramallah geräumt. Von überall her kamen Menschen und drängten ins Gefängnisgebäude. Dieses Symbol der Besatzung, das wir so verabscheut und gefürchtet hatten, sollten wir nun zum erstenmal ohne Angst betreten. Vieles war nicht wiederzuerkennen. Die Israelis hatten die Zeugnisse des Grauens vor ihrem Abzug beseitigt. Die Wände der Folterzellen und der Verhörräume waren eingerissen und der

Schutt säuberlich vor die Tür geschaufelt. Einige Besucher versuchten, ihre einstigen Zellen wiederzufinden. Sie schritten die Räume ab, fluchten, schlugen mit den Fäusten an die Wände und weinten. Die Gefühle waren widersprüchlich: Da war die schmerzhafte Erinnerung an Erniedrigung und Demütigung durch die Folter, und da war die unbändige Freude darüber, dass es vorbei war.

Hoffnung auf Heimkehr

Viele Palästinenser und Palästinenserinnen hatten sich für die Heimkehr entschieden, um am Aufbau der palästinensischen Gesellschaft und ihres Staates mitzuwirken. Sie begannen, Häuser zu bauen, Firmen zu gründen, Restaurants und Läden zu eröffnen. Eine optimistische Stimmung breitete sich aus, und die Menschen fühlten sich ermutigt.

Auch meine Schwester Hiâm, die seit fünfzehn Jahren in San Francisco lebte und dort eine gute Arbeitsstelle hatte, entschloss sich, nach Hause zu kommen. Ihr und zwei ihrer Kinder wurde die Heimkehr erlaubt, ihrem Mann Issâm und den drei anderen Kindern jedoch nicht. Issâm hatte in den USA studiert und hatte es verpasst, sein Recht, in Palästina zu wohnen, rechtzeitig zu erneuern. In Birseit besitzt er zwei Häuser und Hunderte von Olivenbäumen. Sein Schicksal zeigte, dass die Besatzung keineswegs zu Ende war, sondern unerbittlich weiterherrschte – über die Palästinenser, die heimkehren wollten, und auch über die, die nicht vertrieben worden waren. Mit der Fortsetzung des Friedensprozesses hofften meine Schwester und ihr Mann aber weiterhin, heimkehren zu können. Sie hatten ihr Geschäft in San Francisco aufgegeben und lebten vier Jahre wartend in Jordanien. Dann mussten sie einsehen, dass die israelische Regierung sie nicht nach Hause lassen würde. Die Familie ist in die USA zurückgekehrt. Sie haben die Hoffnung auf Heimkehr verloren.

Der Friedensprozess hatte auch meinem Mann Munîr und mir sowie unseren drei Kindern Mut gemacht, und wir wollten in die Zukunft investieren. Wir kauften ein Stück Land, das für unseren Sohn Anîs und meine Schwester Ibtisâm bestimmt war. Anîs studiert Medizin in Innsbruck, Ibtisâm lebt seit langem als Zahnärztin in Berlin. Der Wunsch heimzukehren ist bei ihr immer noch gross. Wenn die beiden zurückkehrten, könnten sie auf diesem Land eine Klinik bauen und hätten so eine Existenzgrundlage. Wir empfanden grosse Freude über diesen Schritt und gingen oft zu dem Gelände, das nur zwei Kilometer von unserem Zuhause entfernt ist, um seinen Anblick zu geniessen. Vor zwei Jahren wurde die Hauptstrasse, die dort vorbeiführt, zur Siedlungsstrasse erklärt; demnach dürfen wir diese Strasse weder benutzen noch überqueren. Wir sind vollständig abgeschnitten von unseren Ländereien. Inzwischen haben wir erfahren, dass dieses Grundstück nicht den autonomen palästinensischen Gebieten zugeteilt wurde. Wir dürfen das Land nicht bearbeiten und nichts mit ihm planen. Wir befürchten, unseren Besitz zu verlieren, so wie es uns schon früher mehrmals widerfuhr.

Eine Autonomie, die keine ist

Die meisten Palästinenser und Palästinenserinnen blieben gegenüber dem Friedensprozess zu Recht skeptisch und abwartend. Wir wussten, dass eine schwierige Phase bevorstand. Die Friedensverhandlungen verliefen nicht so, wie wir es erhofft hatten, und unser Misstrauen wuchs. Wir gewannen bereits während der Verhandlungen den Eindruck, dass es sich eher um eine Art Konfliktmanagement handelte, eine neue Kontrolle über Land und Leute.

Die Verhandlungen, die im September 1993 ins Osloer Abkommen mündeten, basierten auf dem Prinzip »Land für Frieden«. Die Palästinenser anerkannten den Staat Israel innerhalb der Grenzen von 1967, also auf 78 Prozent des ursprünglichen Palästina. Mit diesem historischen Kompromiss wollten die Palästinenser im Gegenzug ein Ende der Besatzung erreichen und einen unabhängigen palästinensischen Staat auf den verbleibenden 22 Prozent des Landes gründen. Für uns Palästinenser ist dieser Kompromiss ein grosses Opfer, stellen wir doch fast ebenso viele Einwohner wie die Israelis.

Es zeigte sich schon bald, dass die israelische Regierung keineswegs die Absicht hatte, die besetzten Gebiete zurückzugeben. Sie betrachtete sie in den weiteren Verhandlungen als »umstrittene Territorien«, von denen sie so viele wie möglich behalten wollte. Die Osloer Verträge entpuppten sich dafür als taugliches Instrument. Es war einsichtig, dass nach so vielen Jahren der Feindschaft und bei so vielen Konfliktbereichen nicht alle Konflikte auf einmal gelöst werden konnten; doch mit jedem Zusatzabkommen schrumpften die Rechte weiter, die Israel den Palästinensern zuzugestehen bereit war. Neue Verträge brachten neue Definitionen und weitere Einzelheiten, welche frühere Vereinbarungen ausser Kraft setzten. Die UNO-Resolutionen als legitime Basis eines gerechten Friedens wurden umgangen. Während die Welt jeden dieser neuen Verträge feierte, verbreitete sich unter den Palästinensern Entsetzen und Enttäuschung.

Das Abkommen von Oslo brachte uns keinen eigenen Staat, nur eine Autonomie, die keine ist. 1998, nach einem halben Dutzend Abkommen, hatte die Palästinensische Autonomiebehörde noch nicht einmal über 10 Prozent der besetzten palästinensischen Gebiete die vollständige Kontrolle. Das autonome Palästina ist ein Flickenteppich, aufgeteilt in drei Gebietszonen: Nur gerade 3,5 Prozent, die sogenannten *A-Zonen,* unterstehen palästinensischer Selbstverwaltung. Die *B-Zonen* (23,5 Prozent) werden vom israelischen Militär kontrolliert; die Palästinensische Autonomiebehörde verwaltet nur die zivilen Angelegenheiten. Die *C-Zonen* (73 Prozent) sind vollständig unter israelischer Militärverwaltung verblieben. Die Zerstückelung unseres Landes in diese drei Zonen beschränkt die Perspektiven für Palästina als Staatsgebiet. Der Ausbau der israelischen Siedlungen, die häufig rund um palästinensische Ortschaften gebaut werden und diese damit vom übrigen Land abtrennen, ermöglicht es der israelischen Regierung, auch nach Abschluss verschiedenster Friedensverträge die vollständige Kontrolle über unsere Gebiete zu behalten. Es ist eine interne Isolation entstanden, denn das israelische Militär kann unsere Ortschaften jederzeit problemlos abriegeln.

Wir leben in vier voneinander getrennten Gefängnissen: dem Gasastreifen, der Stadt Jerusalem und ihrer Umgebung, dem Westjordanland nördlich von Jerusalem und dem südlich von Jerusalem gelegenen Teil des Westjordanlandes. In jedem dieser Gefängnisse gibt es kleinere Gefängnisse, und darin sind Käfige und in den Käfigen kleinere Käfige. Von einem Gefängnis zum anderen zu gelangen ist sehr schwierig. Die israelischen Militärbehörden bestimmen über die Mobilität der Bevölkerung, über wirtschaftliche Entwicklung und Bildung. Das ist Besatzung.

Birseit wurde als Zone B klassifiziert. Für Dorf und Universität war das äusserst bedauerlich, denn Zone B unterliegt weiterhin israelischer Sicherheitskontrolle, und demnach konnten die Soldaten jederzeit auftauchen und Verhaftungen vornehmen. Wir warteten voller Freude auf die Zeit, da Birseit unter volle palästinensische Souveränität kommen sollte. Die Präsenz der Soldaten war mit dem Friedensabkommen geringer geworden, eine gewisse Erleichterung und Gelassenheit breiteten sich aus, und es kam seltener zu Konfrontationen. Doch hin und wieder wurden Studierende verhaftet.

In einer Nacht im Frühjahr 1997 wurden wir von Hubschraubern geweckt, und plötzlich waren das Dorf und die umliegenden Täler und Berge durch schwebende Leuchtbomben taghell erleuchtet. Aufgeschreckt horchten wir auf die Geräusche: Schritte von Soldaten, Schüsse. Ein Lautsprecher verkündete: »Bewohner von Birseit! Es herrscht Ausgangssperre! Wer dagegen verstösst, bringt sein Leben in Gefahr.« Hunderte von Soldaten zogen durch die Strassen Birseits. Sie gingen als erstes zur Polizeistation; die fünfzehn palästinensischen Polizisten mussten sich an einer Wand aufstellen, und sie wurden so mehrere Stunden festgehalten. Währenddessen landeten rund hundert Fallschirmsoldaten auf verschiedenen Plätzen und begannen mit einer Razzia. Dabei verhafteten sie mehr als dreihundertfünfzig Studierende. Alle Häuser wurden durchsucht. Das ganze

Dorf geriet in Panik. Wir konnten nicht glauben, dass so etwas möglich war, die Besatzung entlarvte sich. Es hiess, sie machten Jagd auf Terroristen. Doch nach einer Woche waren alle verhafteten Studierenden frei; sie waren ja keine Terroristen. Für die Israelis schien es nur eine Militärübung zu sein; für uns war es bittere Wirklichkeit! Das israelische Militär jagte uns Angst ein und machte deutlich, wer über unser Leben bestimmte. Die Ausgangssperre dauerte zehn Stunden. Die Menschen waren entsetzt, empfanden diese Aktion als Missachtung des Friedensprozesses und als Demütigung für die palästinensischen Polizisten und die Palästinensische Autonomiebehörde. War es das, fragten wir uns, was wir in Oslo erreicht hatten?

Zerstückeltes Land

Die sogenannten Umgehungsstrassen zerstückeln das Land und unterteilen es in viele Enklaven. Von seiten der israelischen Regierung heisst es, sie würden benötigt, damit die Siedler sicher vor palästinensischen Übergriffen von den Siedlungen zu ihren Arbeitsplätzen in Israel gelangen könnten. Es sind gut ausgebaute, breite Strassen, die unser Land zerschneiden und für deren Bau immer mehr Land konfisziert wird. Sie verbinden die illegal gebauten Siedlungen miteinander und führen um die palästinensischen Orte herum, von denen aus sie nicht befahren werden können. Nördlich von Birseit, nur 1500 Meter von meinem Haus entfernt, verläuft die Hauptstrasse von Ost nach West, von Nablus über die Dörfer nach Tel Aviv. Diese Strasse ist Palästinensern verboten, weil sie die drei Siedlungen Bet El, Ateret und Halamisch verbindet. Von meinem Balkon aus blicke ich seit fünfzehn Jahren Richtung Südosten und auf die Siedlung Bet El, die nur drei Kilometer entfernt ist. Im Tal davor liegt wie ein Garten das Dorf Dschifna und am Hang das Flüchtlingslager Dschalasun, das seit 1948 die Flüchtlinge von der Küste beherbergt. Nur vierzig Kilometer entfernt liegen die Ländereien, von denen sie damals vertrieben worden sind. In Dschalasun leben elftausend Einwohner auf einer Fläche von einem Quadratkilometer. Nur die Süd-Nord-Strasse Richtung Nablus trennt dieses Flüchtlingslager von der Siedlung Bet El. Sie bildet die schmale Trennlinie zwischen Armut und Entrechtung und Villen, Reichtum und Luxus.

Ich hatte in den letzten Jahren vom Balkon aus gesehen, wie die Lichter von Bet El immer zahlreicher wurden. Zuerst waren sie auf einem Hügel, nach ein paar Jahren auf zwei, dann hatten sich die Lichter auf drei und heute auf vier Hügel ausgebreitet. Die Siedlung liegt rings um das Dorf Dura, das von ihr regelrecht umzingelt wird. Dura ist ein wunderschönes Dorf, das vom Gemüseanbau auf Terrassen lebte. Jeden Tag arbeiteten die Dorfbewohnerinnen in den Terrassenkulturen, sangen, erzählten Geschichten und brachten am nächsten Tag vor Sonnenaufgang das Gemüse auf den Markt nach Ramallah. Ich war oft in diesem Dorf, arbeitete in Frauenprojekten, zum Beispiel in Alphabetisierungskursen für Frauen. »Wir sind wie Petersilie: Je mehr man sie beschneidet, desto stärker und kräftiger wächst sie!« So beschrieb einmal eine Frau aus Dura sich und die anderen Palästinenserinnen, die trotz vielfältiger Schwierigkeiten mit den israelischen Behörden und mit ihren eigenen Familien etwas lernen wollten. Ich war auch oft in Dura, um meine Freundinnen Is, Dschamîla, Umm Muhammad, Abla und andere zu besuchen und um Gemüse zu kaufen.

Als vor fünf Jahren ein grosses Stück Land konfisziert wurde, das zum Dorf Dura gehört, war der Protest dagegen gross. Ich war bei den Demonstrierenden und musste mitansehen, wie Siedler auf Studierende schossen und zwei von ihnen töteten. Einer war Ibrahim, der Vetter meiner Freundin Is. Nach dem Tod der beiden Studierenden hiess es, ein Komitee würde den Vorfall untersuchen. Eine Woche später sagte man uns, es werde nur ein Wasserreservoir gebaut, die Aufregung wegen der Landenteignung sei unnötig. Heute ist schon der zweite Hügel hinter dem Wasserreservoir bebaut. Zur Zeit wird die Siedlung Bet El mit anderen Siedlungen durch eine Strasse verbunden. Sie führt durch das Kulturland der Bauern von Dura und zerstört die Lebensgrundlage des Dorfes. Auch ich kann nicht mehr dorthin, obwohl das Dorf nur drei Kilometer von Birseit entfernt ist.

Das Land für die benachbarte Siedlung Ateret wurde hauptsächlich dem Dorf Atara weggenommen, aber auch Birseit. Die Siedlung liegt nur fünf Kilometer von Birseit entfernt auf dem Berg, und wir sehen täglich, wie auch sie wächst. Wir Leute von Birseit haben grosse Angst um unsere Olivenhaine. Zwischen uns und unseren Feldern liegt die Siedlungsverbindungsstrasse, und deshalb dürfen wir nicht mehr dorthin, um die Felder zu pflegen, zu bestellen und zu ernten. Sie liegen brach, und viele von uns verlieren ihre wirtschaftliche Grundlage. Die Siedlung Halamisch liegt zehn Kilometer entfernt neben einem wunderschönen

Wald, den ich liebe. Dorthin habe ich während über zwanzig Jahren mit meinen Studenten und Studentinnen wissenschaftliche Exkursionen gemacht und Ausflüge mit meiner Familie unternommen. All das ist Palästinensern heute verboten. Die Strassen, der Wald und der Boden sind nur für die Siedler.

Die Zerstörung von Olivenbäumen

Zu den kollektiven Strafen, die uns nicht nur wirtschaftlich schädigen, sondern vor allem auch unsere Symbole angreifen, gehört die Zerstörung von Olivenbäumen. Dieses Verbrechen gegen die Natur verletzt uns in der Seele. Der Anblick zerstörter Olivenhaine tut unglaublich weh.

Olivenbäume sind das Herz Palästinas, sie symbolisieren das Land, unsere Lebensweise, die Verbundenheit von Menschen und Land. Seit Jahrhunderten pflegen wir die Olivenbäume. Die Produktion von Olivenöl ist immer noch ein wichtiger Wirtschaftszweig. Olivenbäume zu entwurzeln ist illegal. Trotzdem werden ganze Olivenhaine mit Baggern und Traktoren zerstört. Manchmal werden die Bäume einfach verstümmelt oder geköpft, mit der Begründung, die Sicherheit der Siedler verlange das – die Sicherheit von Siedlern in Siedlungen, die widerrechtlich auf palästinensischem Land gebaut werden. Häufig wird dieser feindselige Akt auch als Strafe ausgeübt: Wenn ein Junge von einem Feld aus, das ihm nicht gehört, einen Stein wirft, dann verlieren dessen Besitzer ihre Bäume.

Seit dem ersten Jahr der neuen Intifada, seit September 2000, sind bereits Zehntausende von Olivenbäumen durch die israelische Armee und durch Siedler entwurzelt worden!

Hinzu kommt, dass Bauern häufig nicht zu ihren Olivenbäumen gelangen können, um sie abzuernten, weil Dörfer und Städte abgeriegelt sind. Die eingebrachte Ernte kann aufgrund der umfassenden Sperre oft nicht verkauft werden. Der wirtschaftliche Verlust ist enorm und führt zu Arbeitslosigkeit und Armut. Den Bauern wird Angst eingejagt, und durch die Zerstörung ihrer Existenzgrundlage werden sie vertrieben. So können die Siedlungen erweitert werden. Es gibt kaum mehr Hinterland für eine wirtschaftliche Entwicklung.

Diese Politik zielt in erster Linie darauf, die palästinensische Gesellschaft und ihre Grundlagen zu zerstören, Menschen zu erniedrigen und zu entrechten.

Checkpoints als Schikanen

Die Einwohner der fünfunddreissig palästinensischen Dörfer in der Umgebung haben keine Möglichkeit mehr, auf direktem Weg nach Ramallah oder in das nur wenige Kilometer entfernte Birseit zu fahren. Sie sind gezwungen, auf Feldwegen und zu Fuss Richtung Osten zu gehen, oft durch mehrere Dörfer und bis zu den Strassen im Jordantal und von dort dann wieder Richtung Norden. Die Reise nach Birseit dauert statt zehn oder fünfzehn Minuten nun zwei bis drei Stunden. Jeden Morgen beobachte ich die Menschen in den öffentlichen Taxis: mit angespannten Gesichtern, in Alarmbereitschaft, fluchend, jammernd. Doch es finden sich immer auch andere, die beten, zu Geduld mahnen und Mut machen. Irgendwann fühle ich mich dann selbst aufgefordert, die Stärkende zu sein, die die Menschen im Taxi aufmuntert.

Für Siedler werden separate Strassen angelegt. Wo sich Siedlerstrassen und palästinensische Strassen kreuzen, befinden sich Kontrollposten – sogenannte Checkpoints. Soldaten versperren die Wege, machen Kontrollen und verzögern das Vorankommen erheblich.

Einmal war ich mit vier Männern in einem Sammeltaxi auf dem Weg zur Arbeit. Ein Soldat hielt uns an und verlangte die Ausweise. Die Männer taten, was er verlangte, ich rührte mich nicht. Der Soldat schaute mich fragend an. Ich sagte: »Ich bin eine Frau.« Er nickte. Dann fragte er einen der Männer: »Wie alt bist du?« – »Dreissig.« – »Bist du verheiratet?« – »Nein.« – »Wieso nicht?« fragte der Soldat weiter. Verlegen sagte der Mann: »Ich weiss nicht, ich habe kein Geld.« – »Wieso nicht?« – »Ich habe auch keine Zeit.« – »Was? Keine Zeit? Was machst du den ganzen Tag? Lüge nicht, antworte mir, warum bist du nicht verheiratet?« Der Mann begann zu keuchen, lief rot an, zuckte mit den Schultern und wand sich, und der Soldat brüllte und verlangte sofort eine überzeugende Antwort, während er mit dem Gewehr auf den Mann zielte. Mir war klar, dass dieser Streit blutig enden könnte und dass ich handeln musste. So öffnete ich die Tür des Taxis und stieg aus. »Wieso steigst du aus, das darfst du nicht!« fuhr der Soldat mich an. »Ich muss zur Arbeit und habe keine Zeit, das Ende eures Streites abzuwarten.« – »Du arbeitest? Was arbeitest du?« – »Ich bin Professorin.« – »Ja, gibt es denn so etwas?« Ich entgegnete: »Ja, das gibt es, und es gibt vieles mehr, was du nicht weisst. Bist du verheiratet?« – »Ja, wieso fragst du?« wollte der Soldat wissen, und ich sagte: »Weshalb fragst du diesen Mann, ob er verheiratet sei? Was soll das? Hat nicht jeder

Mensch die Freiheit, in dieser einen Sache selber eine Entscheidung zu treffen? Eigentlich müsste man sich schämen, diese Frage zu stellen, nicht wahr?« Der Soldat wirkte auf einmal verlegen und befahl dem Fahrer weiterzufahren.

Manchmal steht ein Kontrollposten mitten in einem palästinensischen Ort, wo kein Israeli jemals hinkommt, so etwa in Samiramis, dem ersten Checkpoint vor Ramallah. Soldaten blockieren die Strasse. Auf der vierzehn Kilometer langen Strecke nach Jerusalem gibt es weiter noch den Kalândia-Checkpoint und den al-Ram-Checkpoint. Es ist so gut wie unmöglich, die Checkpoints zu umfahren; Ausweichmöglichkeiten neben den Strassen sind mit Betonblökken versperrt. Dennoch versuchen Tausende von Autos einen anderen Weg zu finden, zum Beispiel über Felder und durch das Labyrinth der Gassen in Kufr Akab und im Flüchtlingslager Kalândia, zwischen Wohnhäusern hindurch und über unasphaltierte Wege. Oft müssen Autos einen Teil des schwer erkämpften Wegstückes wieder rückwärts fahren, weil ein Lastwagen oder ein Bus entgegenkommt. Es besteht die Gefahr, über die ungesicherten Strassenränder in die darunterliegenden Felder abzustürzen. Und vor unseren Augen immerzu die Siedlungen, die sich von einem Hügel zum nächsten ausbreiten. Grossflächig künden die sich vermehrenden Lichter am Abend vom nächsten beschlagnahmten Berg.

Wut und Schmerz sind gross, wenn man nach all den Umwegen nur gerade fünfzig Meter hinter dem Posten der Soldaten wieder auf die Strasse gelangt. Für fünfzig Meter müssen wir eine Verzögerung von dreissig bis vierzig Minuten auf uns nehmen.

An einem Freitag fuhr ich mit meinem Mann Munîr und unserer Tochter Ghada nach Ramallah, um einzukaufen, eine Ausreisegenehmigung zu beantragen, zur Bank zu gehen und andere Dinge zu erledigen, die seit Wochen anstanden. Wir waren froh, dass es an diesem Tag erlaubt war, mit dem Auto zu fahren. Auf dem Rückweg standen jedoch Hunderte von Autos und Menschen am Checkpoint; kein Auto durfte passieren. Ich ging auf einen der Soldaten zu und sagte: »Heute morgen habt ihr uns fahren lassen, jetzt wollen wir zurück nach Hause!« Er antwortete, es gebe neue Bestimmungen, die Fahrt sei nur in eine Richtung erlaubt. Es half kein Reden und kein Bitten. Die Leute standen wütend da, einige jammerten.

Ein junger Mann konnte sich nicht beherrschen und gab dem Soldaten mit der Hand einen Stoss. Wütend richtete dieser sein Gewehr auf die Brust des Mannes. »Schiess doch! Ich habe nichts zu verlieren«, schrie dieser. Ich trat dazwischen, so dass das Gewehr nun auf mich zielte. Der Soldat brüllte mich an: »Geh weg, was mischst du dich ein!« Ich sagte: »Ich möchte dich schützen! Du hast ein Gewehr, doch ich spüre deine Angst. Du könntest mein Sohn sein, ich möchte nicht, dass du zum Mörder wirst!« Ein anderer Soldat, der dies gehört hatte, holte seinen Kameraden weg. »Danke!« sagte ich. »Wir leiden alle gleichermassen unter der Situation.« Der Soldat sagte: »Ich bin aus Holon in Israel, und am liebsten wäre ich dort.« – »Dann geh nach Hause, weigere dich, hier Dienst zu tun!« entgegnete ich ihm. »Es ist schrecklich für dich, es macht dich kaputt.« Er nickte.

Immer mehr Menschen drängten zu den Soldaten hin, denen ich auf englisch erklärte, aus welchen Gründen die

Leute passieren wollten. Manchmal liessen die Soldaten einige Frauen durch. Dann kamen mein Mann und meine Tochter an die Reihe, und ich bat den Soldaten, uns nach Hause fahren zu lassen. Er sagte nein; wir Frauen dürften zu Fuss weitergehen, aber ohne Mann und ohne Auto. »Geht nur, ich bleibe«, sagte Munîr. Ghada setzte sich trotz des Verbotes des Soldaten, das Auto zu benützen, ans Steuer, und ich setzte mich neben sie. Der Soldat stoppte uns. Er könne uns mit dem Auto nicht durchlassen, auch wenn wir nette Leute seien. »Ich fahre jetzt meine Mutter nach Hause«, sagte Ghada. »Würdest du deine Mutter im Stich lassen, wenn du mit ihr unterwegs wärest?« Er antwortete, es sei furchtbar, aber dies seien nun mal Befehle. »An deiner Stelle würde ich solche Befehle nicht befolgen«, sagte Ghada und fuhr langsam an. Seine Hand glitt vom Wagendach, als der Wagen sich vorwärts bewegte. Er drehte sich nicht um, und wir rollten und rollten. Er tat so, als ob er es nicht bemerkte. Wir jubelten, als wir durchgekommen waren, und winkten Munîr zu. »Nun möchte ich zu Frau und Tochter, und dieser Nachbar kommt mit mir«, sagte Munîr. Der Soldat antwortete nicht, liess sie einfach Schritt um Schritt weitergehen.

Zwei Tage später fuhr ich zur Arbeit nach Jerusalem. Ich musste wieder durch den Checkpoint. Mitten auf dem Weg stand ein Panzer, und ich sah den netten Soldaten oben sitzen. Ach je, sagte ich mir, jetzt sitzt er auf einem Panzer, dem Symbol des Krieges. Plötzlich winkte er mir zu. Mein Gott, dachte ich, was tut er mir an! Mir vom Panzer herunter zuzuwinken, wie peinlich und wie gefährlich für mich! Wenn die anderen Palästinenser das bemerken, denken sie, ich mache gemeinsame Sache mit ihm! Ich bekam Angst und fand es doch unerträglich, mich einfach abzuwenden, ich konnte es nicht. Zwei Tage zuvor hatte ich mit ihm gestritten und hatte erreicht, dass seine Menschlichkeit Oberhand gewonnen hatte, und nun sollte ich ihn zurückweisen? Ich war verwirrt, schaute weg, dann wieder zu ihm hin. Er winkte noch einmal. Ich liess einen Stift auf den Boden fallen, bückte mich, um ihn aufzuheben, drehte meinen Kopf etwas zur Seite, schaute zu ihm hoch und lächelte. Er lächelte zurück. Ich war froh und erleichtert, ihm wirklich, wenn auch heimlich, ein Zeichen der Menschlichkeit gegeben zu haben. Als ich nach Hause kam und die Geschichte erzählte, meinten alle nur: »Hoffentlich hat dich keiner gesehen!«

Eingeschränkte Mobilität, verhinderte Gemeinschaft

Auch das akademische Leben in Birseit leidet erheblich unter der Besatzung. Doch die Angehörigen der Universität wollen ihr Recht auf Erziehung und Lehre bewahren. Studierende gehen täglich mehrere Stunden zu Fuss durch die Täler und über die Hügel, um zur Universität zu gelangen. Sie erreichen erhobenen Hauptes den Checkpoint und versuchen mit Verweis auf ihre Rechte durchzukommen. Oft geraten sie in Diskussionen mit Soldaten, bis ein Offizier das Gespräch verbietet, das seine Soldaten verunsichern könnte. Viele Studierende versuchen in Hütten und Zelten zu nächtigen, um sich den mühsamen Weg zu ersparen. Die Universität hat Wohnungen gemietet und stellt sie den Lehrkräften und Angestellten zur Verfügung, wenn sie nicht nach Hause fahren können. Nie lässt sich der nächste Tag wirklich planen, und noch weniger der nächste Monat.

Wir leiden nicht nur unter der eingeschränkten Mobilität innerhalb der besetzten Gebiete. Mindestens ebenso schlimm sind die Hindernisse, die uns in den Weg gelegt werden, wenn wir ins Ausland reisen oder vom Ausland nach Palästina einreisen wollen. Die Teilnahme an Kongressen ist für Mitglieder der Universität Birseit praktisch unmöglich. Auch gewöhnliche Auslandreisen werden sehr oft verhindert.

Die Einreise aus den besetzten Gebieten nach Jerusalem oder nach Israel, um zum Flughafen von Tel Aviv zu gelangen, sowie die Ausreise ins Ausland bedürfen einer Genehmigung durch das israelische Militär. Dafür muss zunächst ein Formular auf hebräisch ausgefüllt werden. Selbst wenn man über Hebräischkenntnisse verfügt, darf man es nicht selber ausfüllen. Auch als Professorin muss ich wie eine Analphabetin in einem Büro drei Dollar bezahlen, damit jemand für mich das Formular ausfüllt. Während vieler Jahre musste dieses Formular von fünf Stellen gestempelt werden: vom Amt für Besitzsteuer, vom Amt für Lohnsteuer, vom Stadtrat, von der Polizei und von einem Palästinenser, der als Kollaborateur mit einer Stelle als Notar in israelischen Diensten belohnt worden war; auch er bekam drei Dollar und spielte ein wenig seine Macht aus. Einen Kollaborateur für die Genehmigung aufsuchen zu müssen war für viele Palästinenser eine besondere Demütigung.

Danach wurde das Formular der Militärbehörde vorgelegt. Es dauerte einige Tage oder eine Woche, bis der Antrag genehmigt oder abgelehnt wurde. Das Reisedokument galt nur für eine Ausreise. Für jede Ausreise musste ein neuer Antrag gestellt werden, also musste man wieder zahlen und abwarten.

Nie kann man sicher sein, dass die Reise genehmigt wird. Selbst wenn man alle Hürden genommen hat, kann in letzter Minute alles verboten werden. Wenn man einen Flug umbuchen muss, beginnt die Prozedur von vorn, was zu einer Verzögerung von mehreren Tagen führt.

Seit dem Jahr 2000 ist es Palästinensern ganz allgemein verboten, via Tel Aviv auszureisen. Ausgenommen sind diejenigen, die einen fremden Reisepass haben, und das sind die wenigsten. Wenn Studenten oder Familienmitglieder, die im Ausland studieren oder arbeiten, bei jedem Besuch fürchten müssen, nicht wieder ausreisen zu dürfen, dann bleiben sie immer öfter im Ausland.

Vielen Palästinensern und Palästinenserinnen, die sich im Ausland aufhalten, ist es verboten, nach Palästina zurückzukehren, weil sie ihren »Aufenthaltsgrund« nach Ansicht der israelischen Behörden durch ihr Leben im Ausland verloren haben. Dieses Verbot zerreisst praktisch jede palästinensische Familie. Fast alle haben Kinder, Geschwister und andere Verwandte, die aus wirtschaftlichen oder politischen Gründen ausgewandert sind. Viele sind während der Kriege vertrieben worden oder sind aus Angst geflohen und können nun nicht mehr zurück.

Auch meine Geschwister sind über die ganze Welt verstreut. Sie leben im Exil, zerrissen zwischen ihrem anscheinend normalen Leben dort und der Sehnsucht nach der Heimat. Sie finden unser Leben in den besetzten Gebieten unerträglich und träumen dennoch von der Heimkehr. Mein Bruder Bassâm, der stets um den Zusammenhalt unserer Familie besorgt gewesen war, starb Anfang 1998 mit nur dreiundvierzig Jahren nach einem Herzinfarkt. Dies war ein schwerer Schlag für die Familie. Das ganze Dorf trauerte mit uns, obwohl Bassâm schon lange in New York lebte. Vierzig Tage lang kümmerten sich die Frauen aus dem Dorf um unsere Eltern. Wir fünf Schwestern und zwei Brüder flogen zur Beisetzung nach New York. Auch Tanten und Onkel bis zum vierten Verwandtschaftsgrad und alle Verwandten, die in den USA leben, kamen zur Beerdigung. Dies zeigt die enge Verbundenheit der palästinensischen Familien.

Im Sommer 1998 empfing Birseit die alle zwei Jahre stattfindende Versammlung von Bewohnern von Birseit im Exil. Über tausend Menschen kamen nach Hause und verbrachten zwei Wochen mit kulturellen Veranstaltungen, politischen Diskussionen und Vergnügungen. Im Vorfeld waren an den Strassen 2000 Bäume gepflanzt worden, die Familien im Namen eines geliebten Verstorbenen gespendet hatten. Auch ein Baum für meinen Bruder Bassâm steht heute in Birseit.

Das Treffen belebte das Dorf. An der Kleidung konnte man erkennen, ob die jungen Leute aus Amerika kamen oder Einheimische waren. In Scharen liefen die Gäste durch die Strassen, sangen, alberten und lachten, und der Familienpark am Kirchhof wimmelte von Erwachsenen und Kindern. Orientalische und westliche Musik vermischten sich, Gelächter und Rufe, englische und arabische Sprache. Wasserpfeifen und leckeres Essen krönten die Festlichkeit.

Bassâms Sohn David war aus New York gekommen; auch Johnny, der Sohn meines Bruders Adnân aus Texas, war dabei. Als sie abreisten, hatten sie viele Freundschaften geschlossen und verabschiedeten sich mit dem Spruch:

»Nächstes Jahr wieder in Birseit!« Für meine Eltern war es besonders schön, die Enkelkinder zu erleben. Sie hofften insgeheim, dass diese die Verbindung zum Dorf behalten würden, falls den Söhnen die Heimkehr nicht mehr gelingen sollte.

Es war spannend, Besuchern auf der Strasse ins Gesicht zu blicken, um zu erraten, wer sie wohl sein könnten. Die typischen Gesichtszüge einer Grossfamilie verrieten sofort ihre Zugehörigkeit: »Du bist bestimmt von der Familie Naser (oder Sajidsch, Abdallah, Kassîs, Schahîn). Sag mir, wer dein Vater ist und wer deine Mutter!« Manche älteren Menschen waren zum erstenmal in Birseit. Dennoch erkannte man sie oft sofort, weil sie einem einheimischen Verwandten sehr ähnelten. Das Komitee, welches das Fest des Wiedersehens organisiert hatte, lud auch zu Wanderungen durch das Dorf, zu den Quellen und Olivenhainen ein, denn die Zugehörigkeit der Exilierten zum Land und zu den Menschen sollte wachsen. Legenden und Geschichten aus dem Dorf, die seit Jahrhunderten im Umlauf sind, wurden erzählt. Ein Fotoalbum mit allen auffindbaren Fotos der Grosseltern- und Urgrosselterngeneration war verteilt worden, ebenso eine Publikation zur vierhundertjährigen Geschichte des Dorfes.

Auch vier von Munîrs Brüdern waren mit ihren Familien gekommen und versammelten sich zum erstenmal nach vierzig Jahren zu Hause. Der Vater war vor Jahren gestorben, ohne noch einmal alle beisammen gesehen zu haben. Sie waren aus San Francisco und Amman angereist, um die im Sterben liegende Mutter ein letztes Mal zu sehen. Nur Adîb und seine Familie bekamen keine Einreisegenehmigung, weil sie in Bagdad wohnen. Adîb ist Dichter. Er schrieb ein Gedicht über die Rückkehr in die Heimat nach fünfunddreissig Jahren. Als er vergeblich über einen Monat auf die Genehmigung zur Einreise gewartet hatte, sprach er das Gedicht auf Band, um wenigstens mit seiner Stimme und seinen Gefühlen an den Feierlichkeiten in Birseit teilzunehmen. Alle Versammelten konnten beim Abspielen des Bandes sein Heimweh, seine Verbitterung und seine Liebe zu Birseit und Palästina spüren.

Munîr, seine Brüder und ihre Familien beschlossen, nach Amman zu fahren, um einige Tage mit Adîb und dessen Familie zu verbringen. Fünfundzwanzig Personen verbrachten dort vier Tage im Haus des jüngsten Bruders Sami. Unsere Kinder trafen zum erstenmal ihre Verwandten und deren Kinder. Nur mein Sohn Anîs blieb zu Hause, denn er befürchtete, dass ihm die Rückkehr verwehrt werden könnte, wenn er die Grenze nach Jordanien überschritte. Er verzichtete auf das Familientreffen, da er eine Woche später zurück nach Innsbruck reisen sollte, um sein Studium fortzusetzen.

Adîb hatte die Familie und vor allem die Mutter seit fünfzehn Jahren nicht gesehen. Er freute sich zwar, uns alle zu treffen, doch quälte es ihn sehr, dass ihm, dem Sechzigjährigen, verweigert wurde, seine achtundachtzigjährige Mutter noch einmal zu sehen.

Als am 29. Dezember 2000 mein Vater achtzigjährig starb, durfte keiner meiner Brüder und keine der Schwestern einreisen, um an der Beerdigung teilzunehmen. Nicht einmal mein fünfundsechzigjähriger Onkel, der Bruder meines Vaters, der im nahen Jordanien wohnt, erhielt eine

Einreiseerlaubnis. Auch meine älteste Schwester Nuha in Jordanien durfte nicht dabeisein und mit mir trauern. Wir weinten gemeinsam am Telefon.

Eine »friedliche« Bombardierung

An den Gesprächen in Camp David im Juli 2000 hätte Präsident Arafat den Konflikt für beendet erklären und auf weitere Ansprüche seitens der Palästinenser verzichten sollen. Doch das Angebot enthielt nicht das notwendige Minimum an Befreiung und Unabhängigkeit. Es bot einem souveränen, lebensfähigen Staat Palästina keine Chance. Er unterschrieb nicht, und die Verhandlungen waren somit gescheitert. Die anhaltende Besatzung, die tägliche Demütigung des Volkes, der andauernde Diebstahl unseres Landes und vor allem die Perspektivlosigkeit führten schliesslich zu einem neuen, massiven Gewaltausbruch, der seit September 2000 andauert – die zweite Intifada.

Der Aufstand begann mit Protesten und Demonstrationen, zunächst gegen den provokativen Besuch des damaligen Ministers und heutigen Ministerpräsidenten Ariel Scharon: Er begab sich in Begleitung von 1200 Polizisten zur al-Aksa-Moschee, der muslimischen heiligen Stätte in Ost-Jerusalem. Damit demonstrierte er in einer angeheizten Stimmung den israelischen Anspruch auf diesen heiligen Ort und auf ganz Jerusalem. Enttäuschung und Verzweiflung über den Verlauf der Friedensverhandlungen vereinigten sich in der palästinensischen Bevölkerung mit der Erfahrung von Erniedrigung und alltäglichem Leiden unter der Besatzung. So weiteten sich die Proteste zu Demonstrationen gegen die Besatzung und für die palästinensische

Unabhängigkeit aus. Die Situation eskalierte schnell. Sie ist charakterisiert durch Gewalt und Gegengewalt, Vergeltung und Gegenvergeltung. Seither leben wir in einem kriegsähnlichen Zustand. Er wird mit Militärgesetzen legalisiert, doch er darf nie als legitim akzeptiert werden.

Im Februar 2001 beschlossen wir, auf Drängen unserer Töchter, nach fünfzehn Jahren endlich wieder einmal ins Kino zu gehen. Der Film *Gladiator* hatte einen Oscar bekommen und war nun auch bei uns zu sehen. Wir zogen uns hübsch an und fuhren ins zehn Kilometer entfernte Ramallah. In der Vorhalle des Kinos trafen wir viele Freunde, und wir konnten es alle kaum fassen, dass wir uns nun, dem Kriegszustand zum Trotz, amüsieren und zusammen einen Film anschauen würden. Wir fanden es wunderbar, einfach einen normalen Abend zu verleben. Wir sagten uns: »Auch wenn alles um uns herum schwer ist – wir haben das Recht, normal zu sein und uns zu freuen.« Wir waren begeistert vom Gebäude, das, als Friedensprojekt umgebaut, Kino, Theater und Kunsthalle in sich vereint. Es ist eine wichtige Errungenschaft, denn die drei in den fünfziger Jahren gebauten Kinos von Ramallah waren während der letzten dreissig Jahre der Besatzung geschlossen geblieben.

Es war noch keine Stunde vergangen, als plötzlich die Lichter angingen und ein Mann verkündete, dass die Kinoleitung unsere Sicherheit nicht garantieren könne und wir alle den Saal verlassen müssten. Kampfflugzeuge und Panzer bombardierten die Stadt. Alle stürzten in Panik hinaus. Die Menschen rannten in den Strassen umher, Sirenen heulten, die Elektrizität war unterbrochen. Alle suchten verzweifelt Rat: »Welche Strasse ist befahrbar, welche Orte sind erreichbar?« Man versuchte über Mobiltelefon zu Hause anzurufen, um zu erfahren, ob das Haus getroffen worden war, ob die Kinder, der Bruder, die Mutter, die Freunde noch lebten. Viele schrien, weinten, manche stürzten zu Boden, andere hielten sich Augen und Ohren zu und warteten auf das Ende der Bombardierung.

Wir konnten keine Telefonverbindung herstellen; alle Leitungen waren besetzt. Also fuhren wir los und suchten den sichersten Weg nach Birseit. Überall fragten wir Leute im Dunkeln nach passierbaren Strassen, und sie wollten dasselbe von uns wissen. Wenn in der Nähe Raketen einschlugen, sprangen wir aus dem Auto, rannten in den Vorhof eines Hauses und warteten, bis es ruhiger wurde. Wir klammerten uns aneinander fest und baten Gott um Schutz. Es dauerte mehr als eine Stunde, bis wir unseren Weg gefunden hatten und weiterfahren konnten. An der Militärsperre vor Birseit standen keine israelischen Soldaten auf der Strasse. Erleichtert fuhren wir weiter, doch bald verfolgten uns die Scheinwerfer eines Panzers, der auf dem Hügel postiert war, und wir fürchteten, man könnte uns beschiessen. Angespannt schweigend und verkrampft setzten wir unsere Fahrt fort, bis wir hinter dem Berg aus der Schusslinie verschwunden waren und endlich aufatmen konnten. Erschöpft und unglücklich trafen wir zu Hause ein. Wir trösteten einander und machten uns auch Vorwürfe: Passte denn ein Kinobesuch wirklich in diese Zeit? Als erstes schalteten wir Radio und Fernseher ein, um herauszufinden, was los war. Der Sprecher von Ministerpräsident Scharon, Raanan Gissen, meldete die Bombardierung von Ramallah. Er sprach sich für friedliche Gespräche aus, denn die Bombardierung sei erfolgreich gewesen und hätte die geplanten Ziele erreicht: drei Polizei- und Sicherheitsgebäude. »Ich könnte platzen!« schrie Ghada wütend. »Friedliche Bombardierung könnte man das nennen! Was für eine Einstellung zum Töten!« Eine »friedliche Bombardierung«, die drei Menschen tötete und über dreissig Menschen verletzte, die die Städte Ramallah und al-Bîreh und damit Tausende von Menschen in Panik versetzte und gefährdete! Ghada rannte in ihr Zimmer und drückte ihre Gefühle und ihren Schmerz in einem Text aus. Sie veröffentlichte ihn auf der Homepage der Frauenorganisation »Women's Affairs Technical Committee«, bei der sie arbeitete. Sie sagte: »Nur so kann ich es verkraften.«

Blockierte Arbeitswege

Für die sechzehn Kilometer meines Arbeitsweges nach Ost-Jerusalem, wo ich bis 2001 im »Jerusalem Center for Women« arbeitete, benötigte ich unter normalen Bedingungen eine halbe Stunde. Nun dauerte es aber oft unerträgliche zwei Stunden, weil mehrere Checkpoints zu überwinden sind. Ich fuhr jeweils mit einem Sammeltaxi von Birseit weg. Am ersten Checkpoint beispielsweise mussten wir aussteigen und bei Hitze und Kälte zu Fuss weitergehen, eine Strecke von bis zu einem Kilometer, je nachdem wo die nächsten Soldaten standen. Bewacht von schwerbewaffneten Soldaten und einem Panzer, müssen Hunderte von Menschen zu Fuss gehen; Frauen tragen ihr Gemüse auf dem Kopf, Männer tragen Koffer, ja sogar Öfen und Kühlschränke. Auch kranke oder alte Menschen werden getragen.

Am Checkpoint beim Kalândia-Flüchtlingslager verbot uns einmal ein Soldat, die Koffer auf dem Asphalt der Strasse zu rollen. Wir mussten auf den holprigen Weg ausweichen, wo das Rollen unmöglich war, und mussten die Koffer einige hundert Meter weit tragen. Die Atmosphäre in diesen Pufferzonen zwischen den Checkpoints ist geprägt von Demütigungen und Zorn. Wenn die Leute aus Wut oder einfach aus Nervosität zu drängeln beginnen, wird oft Tränengas eingesetzt. Die Menschen husten und weinen, manchmal fällt jemand in Ohnmacht. Der Gasgeruch bleibt lange auf der Haut und in den Kleidern haften. Gelegentlich wird die Strasse auch völlig gesperrt, und die Leute bleiben manchmal für Stunden in der Pufferzone eingeschlossen. Wer versucht, die Checkpoints zu umgehen, riskiert, angeschossen zu werden. Wer Verletzten zu Hilfe eilt, riskiert dasselbe.

Mein Büro lag genau am Checkpoint al-Ram zwischen Jerusalem und Ramallah. Vom Schreibtisch aus konnte ich die Geschehnisse am Checkpoint beobachten. Regelmässig hasteten wir Frauen aus dem Büro hinunter, um in eine Konfrontation zwischen den Soldaten und Zivilpersonen einzugreifen.

Hinter den Checkpoint-Wachhäusern hielten die israelischen Soldaten oft junge Palästinenser fest. Sie verbanden ihnen nicht selten die Augen, fesselten und schlugen sie, machten sich über sie lustig, bis einer von ihnen die Nerven verlor und auf die Provozierenden einschlug. Die Konsequenz war klar: Entweder man schoss auf ihn oder schlug ihn, bis er stürzte, und brachte ihn ins Gefängnis. Die Atmosphäre am Checkpoint liess meistens Rückschlüsse zu auf das, was in der Umgebung los war. Waren viele Soldaten da und herrschte Unruhe, dann riefen wir Frauen des Zentrums sofort zu Hause an, um uns zu erkundigen, ob alles in Ordnung war, und auch um unsere Heimkehr zu sichern.

Jerusalem ohne Palästinenser

Das palästinensische Ost-Jerusalem ist nicht nur wegen der Checkpoints immer schwieriger zu erreichen. Als Kind war es für mich noch selbstverständlich gewesen, dass wir an Festtagen und gelegentlich an Sonntagen Jerusalem, unsere Hauptstadt, besuchten. Wir gingen in die Kirche, machten einen Bummel durch die Strassen, kauften Äpfel. Das Strassenbild Jerusalems spiegelte damals eine authentische orientalische Gesellschaft. Heute ist Jerusalem für die fast drei Millionen Palästinenserinnen und Palästinenser, die im Westjordanland und im Gasastreifen leben, nahezu unerreichbar. Seit dreissig Jahren dürfen Palästinenser aus den besetzten Gebieten nicht ohne Genehmigung in Jerusalem übernachten. Seit 1992, als Folge der verstärkten Kontrolle, dürfen wir auch tagsüber nicht ohne Bewilligung nach Jerusalem fahren. Selten werden Genehmigungen ausgestellt, seit 1999 kaum noch.

Für Heranwachsende, die das religiöse und kulturelle Zentrum Jerusalem nie gesehen haben, obwohl sie nur eine halbe Stunde davon entfernt wohnen, wird die Stadt zu einem Mythos, zu etwas Unerreichbarem. Sie klammern sich an Jerusalem und sind nicht mehr bereit, es mit den Israelis zu teilen. Dieser Mythos lässt sich leicht mit religiösen Argumenten füllen. Jerusalem wird dadurch – für Palästinenser wie für Israelis – noch heiliger.

Die rund 180 000 Palästinenser und Palästinenserinnen, die noch in Ost-Jerusalem leben, werden systematisch dazu gebracht, die Stadt zu verlassen. Dies geschieht mit der Absicht, eine eindeutige jüdische Mehrheit zu schaffen, sollte es einmal zu einer Abstimmung über den Status der Stadt kommen.

Ein Palästinenser verliert sein Niederlassungsrecht in Jerusalem, wenn er während sieben Jahren nicht in der Stadt gelebt hat, weil er im Ausland war oder auch nur weil er ausserhalb Jerusalems eine Wohnung oder Arbeit hat und sich deshalb nicht andauernd in Jerusalem aufhält. Früher musste man »nur« einmal jährlich nach Jerusalem zurückkehren, um weiterhin als Bewohner von Jerusalem zu gelten. Heute verliert jeder Palästinenser das Rückkehrrecht, wenn er den jährlichen Besuch und damit die Bestätigung seines Rechtes versäumt. Aber spätestens nach sieben Jahren verlieren auch diejenigen ihr Niederlassungsrecht, die den jährlichen Besuch machen. Tausende verlieren ihr Rückkehrrecht in ihre Stadt, weil Arbeit oder Studium es erfordern, dass sie länger als sieben Jahre abwesend sind. Ihr Jerusalemer Ausweis wird konfisziert. Diese Bestimmung von 1995 gilt rückwirkend auf die ganze Besatzungszeit und wirkt sich auch auf die Familie eines »Auswärtigen« aus, die in Jerusalem geblieben ist. Als Beweise für »Jerusalem als Zentrum des Lebens« gelten Telefonrechnung, Wasserrechnung und Stromrechnung. Meist sind diese formalen Dokumente jedoch auf den Namen des Vaters ausgestellt. Wenn er sein Recht auf Jerusalem verliert, verliert seine Familie den Beweis für ihre Berechtigung, in Jerusalem zu leben, und auch ihre Papiere werden konfisziert. Die Kinder solcher Auswärtiger, nach Wohnrecht als Kinder »gemischter« Ehen klassifiziert, erhalten einen speziellen Ausweis: Sie haben weder das Recht auf eine Jerusalemer Identitätskarte, auf einen Reisepass noch auf Schulbesuch und Gesundheits- und Sozialversicherungen. Die israelische Stadtverwaltung will sie damit zwingen, zu den palästinensischen Behörden zu gehen, um sich registrieren zu lassen und so ein Minimum an Grundrechten zu erhalten. Doch dann verlieren sie das Recht auf einen Wohnsitz in Jerusalem. Zur Zeit gibt es in Jerusalem mehr als viertausend solcher Kinder. Ohne einen Jerusalem-Ausweis darf auch ein in Jerusalem Geborener die Stadt nur noch mit Bewilligung besuchen.

Es gibt weitere Massnahmen, um Palästinensern das Leben in Jerusalem zu verunmöglichen. Die Gebühr für eine Baugenehmigung beträgt für Palästinenser mehrere tausend Dollar. Ein Viertel des Baugeländes muss Grünfläche bleiben, und das Haus darf nicht höher als zwei Stockwerke sein. Diese Bestimmungen gelten nur für Palästinenser. Bewilligungen für die Renovierung palästinensischer Häuser oder Umbau- oder Ausbaugenehmigungen werden selten erteilt. Palästinenser warten oft zehn, zwanzig oder fünfundzwanzig Jahre auf eine Bewilligung und benötigen dringend Wohnraum, also bauen sie ohne Bewilligung. Illegal gebaute Häuser werden gesprengt. Die Begründung für die Nichterteilung von Baubewilligungen lautet meist, es gebe keine Bauplanung für die arabischen Stadtteile. Woher auch!

Tausende werden so obdachlos und verlieren ihr Recht, in Jerusalem zu leben. Nie werden illegal gebaute israelische Häuser gesprengt. Statt dessen werden an den Stadtgrenzen auf konfisziertem palästinensischem Boden Hunderte von Wohnungen für Israelis gebaut. Die israelische Regierung hat die Stadtgrenzen Jerusalems so weit ausgedehnt, dass sie einen Zehntel des Westjordanlandes umfassen.

Im muslimischen und im christlichen Viertel der Altstadt werden ausserdem immer mehr Häuser von israelischen Siedlern gekauft, besetzt oder mit fragwürdigen Dokumenten als »gekauft« deklariert. Die meisten Häuser der Altstadt befinden sich im Besitz von Stiftungen. Das Gesetz über Stiftungsbesitz besagt, dass kein Verkauf von Stiftung zu Stiftung oder aus der Familie der Stifter heraus erlaubt ist. Diese Regel gilt seit Jahrhunderten, um die Mosaikstruktur, nach der sich die Gruppen der Bevölkerung über die Stadt verteilen, auch bei Besitzerwechsel zu erhalten. Um 1997 wurde eine Regel eingeführt, wonach Mieter das Schlüsselrecht verkaufen können. Viele von ihnen sind gemäss den Stiftungszwecken nicht wohlhabend. Siedler haben daraufhin begonnen, Familien von sieben oder acht Personen zu suchen, die dichtgedrängt in einer Zweizimmerwohnung leben. Sie bieten ihnen für das Schlüsselrecht hohe Summen, 20 000 bis 50 000 Dollar. Die Familien verkaufen ihr Schlüsselrecht, und das Haus gerät in den Besitz der Siedler. Die eigentliche Besitzerin, die Stiftung, weiss nichts davon, doch per Gesetz ist der Besitz dann für die palästinensische Bevölkerung von Jerusalem verloren.

Israelische Menschenrechtsgruppen haben von solchen Überführungen palästinensischen Eigentums in israelischen Besitz Kenntnis bekommen. Sie waren schockiert, zu erfahren, dass all das mit legalen Mitteln geschieht. Sie engagieren sich dagegen und bemühen sich, im konkreten

Fall eine Lücke im sogenannt legalen System zu finden, um vor Gericht zu gehen. Manchmal schaffen sie es, dass ein mit zweifelhaften Methoden erworbenes Haus wieder an seine Besitzerin zurückgeht. Manchmal gelingt es ihnen, zu verhindern, dass ein Haus zerstört wird. Gelegentlich setzen sie durch, dass ein Vater wieder zu seiner Familie nach Hause darf. Auch wenn die Anzahl der Erfolge gering ist, sind diese Einsätze von grösster Bedeutung: Palästinenser und Palästinenserinnen erfahren so von Israelis, die sich wehren, wenn sie von Ungerechtigkeiten erfahren. Dies ist ein Weg zu Verständigung und Frieden.

Frauen arbeiten am Frieden
Ein Prozess und seine Grenzen

Seit je haben palästinensische und israelische Männer und Frauen das Gespräch gesucht. Mit der anderen Seite zu sprechen war jedoch gefährlich: Es galt als Verrat und als eine Form der Anerkennung des Feindes. Bis 1992 war es palästinensischen und israelischen Politikern gänzlich verboten, miteinander in Kontakt zu treten oder politische Debatten zu führen. Männer wurden sofort zur Rechenschaft gezogen und mit Gefängnis bestraft. Den palästinensischen Frauen hingegen traute man politisches Handeln nicht zu. Auf Grund der Tradition und des patriarchalen Denkens gehörte es sich auch nicht, dass Frauen politische Arbeit übernahmen. So trafen wir uns als Einzelpersonen.

Erste informelle Treffen fanden einige Jahre lang im Versteckten statt. 1988 traf sich erstmals eine grössere Gruppe, sechs Israelinnen und sechs Palästinenserinnen, in Jerusalem; wir wollten ein gemeinsames Programm erarbeiten, um nicht mehr nur auf individueller Basis miteinander zu arbeiten.

1989 lud das säkulare jüdische Kulturzentrum von Belgien eine Gruppe von Palästinenserinnen und Israelinnen zu einem Treffen nach Brüssel ein. An diesem geheimen Treffen arbeiteten wir Frauen an der Formulierung gemeinsamer Prinzipien und an der Festlegung eines Rahmens für die Zusammenarbeit.

Politische Leitlinien waren notwendig, damit unsere Treffen nicht als Konspiration oder Verrat denunziert werden konnten. Diese Leitlinien sollten beiden Seiten politischen Schutz gewähren. Da solche Treffen verboten waren, mussten wir unseren Völkern zeigen, dass wir uns zum Nutzen beider Seiten trafen. Wir formulierten Prinzipien wie: Anerkennung nationaler und politischer Rechte, Anerkennung der PLO und Ablehnung von Gewalt.

Der Golfkrieg von 1990/91 führte zu einem breiten Riss zwischen den Friedensaktivistinnen in Israel und Palästina. Die israelische Bevölkerung befürwortete den Angriff der westlichen Allianz gegen den Irak, hatte doch das irakische Regime mit Raketenangriffen auf Israel gedroht. Lieber angreifen als angegriffen werden, war die Haltung der Israelis. Die palästinensische Bevölkerung wollte einen Krieg gegen den Irak zur Befreiung Kuwaits um jeden Preis verhindern. 85 Prozent des palästinensischen Kapitals waren in Kuwait angelegt. Diese palästinensischen Interessen zu schützen war einer der Gründe für Arafats Bemühungen um Einigkeit mit dem Irak. In der Tat bedeutete der Krieg um Kuwait eine Katastrophe für die Palästinenser.

In Israel bereitete man sich auf den Krieg vor und versorgte die Bevölkerung mit Gasmasken und Notapotheken. Die Palästinenser in den besetzten Gebieten wären Gasangriffen ungeschützt ausgeliefert gewesen. Die mündliche Erklärung der palästinensischen Führung, auf der Seite des Irak zu stehen, stempelte das ganze Volk zu Friedensgegnern. Das Misstrauen kehrte sofort zurück, Anschuldigungen wurden laut, und das Gespräch zwischen Israelis und Palästinensern verstummte.

Dennoch fand 1992 ein zweites Treffen von israelischen und palästinensischen Frauen statt, wiederum in Brüssel. Es stand unter dem Titel »Give Peace a Chance«, und wir überarbeiteten die Prinzipien der Zusammenarbeit von 1989. Diese Konferenz hatte eine besondere Bedeutung dadurch erhalten, dass vier Frauen, die in die israelische Legislative gewählt worden waren, in ihrer offiziellen Funktion als Parlamentarierinnen nach Brüssel kamen. Unsere palästinensische Delegation hatte daraufhin beschlossen, ebenfalls offiziell gewählte Palästinenserinnen einzubeziehen, und so kamen zehn Vertreterinnen des palästinensischen Nationalrates aus dem tunesischen Exil. Es fand also nicht nur ein Treffen von Frauen auf der Graswurzelebene statt, sondern ebenso ein Treffen politischer Verantwortungsträgerinnen beider Seiten. Dies gab dem Anlass offiziellen Charakter, und diese Ausweitung führte dazu, dass das Verbot gegenseitiger Kontakte öffentlich diskutiert und zwei Monate nach unserem zweiten Treffen endlich ausser Kraft gesetzt wurde.

An der Pressekonferenz zum Abschluss von »Give Peace a Chance« präsentierten wir unsere Ideen: Wir mussten zusammen an einem Gemeinschaftswerk für den Frieden arbeiten. Als grössten Feind sahen wir in der aktuellen Situation wie auch in der Geschichte falsches oder ungenaues Wissen voneinander. Fehlinformationen und Ideologie schürten Angst und Misstrauen und liessen unsere Völker in Trennung verharren.

Unter dem Dach des »Jerusalem Link«

Als direktes Ergebnis dieser Konferenzen wurden 1994 mit Unterstützung der Europäischen Kommission zwei Frauenzentren gegründet: das palästinensische »Jerusalem Center for Women« (Jerusalemer Zentrum für Frauen) in Ost-Jerusalem und das israelische »Bat Schalom« (Tochter des Friedens) in West-Jerusalem. Beide Zentren zusammen bilden den »Jerusalem Link«.

Es wurden bewusst zwei örtlich getrennte Zentren eingerichtet: Beide Seiten wollen in Unabhängigkeit und Freiheit arbeiten können, statt sich zu verbiegen, um der anderen Seite gefällig zu sein. Wir wollen unsere politische und kulturelle Identität erhalten. Wir wollen fähig sein, einander gegenüberzustehen und in die Augen zu sehen und dabei zu wissen und anzuerkennen, dass wir nicht gleich sind. Unsere beiden Gesellschaften weisen nämlich auf allen Ebenen Asymmetrien auf. Wenn diese Unterschiede nicht wahrgenommen werden, führen sie zu Missverständnissen und Verstimmungen. Wir wissen voneinander, dass wir im Besatzungssystem auf verschiedenen Seiten stehen, aber sonst wissen wir nicht viel.

Die israelische Gesellschaft hat einen Staat mit differenzierten Strukturen, dessen Staatswesen, militärischer Standard und Sicherheitssystem hochentwickelt sind. Sie verfügt über wirtschaftliche Macht und ist zugleich die Besatzungsmacht. Die palästinensische Gesellschaft dagegen lebt seit über fünfzig Jahren im Exil und seit über dreissig Jahren unter Besatzung. Sie hat nur wenige Grundlagen für einen Staat, der erst im Entstehen begriffen ist, und sie hat kaum Ressourcen und Kapital. Sie kämpft unter der Besatzung ums Überleben. Sie ist abhängig davon, welche Rechte die Israelis als Besatzer ihr punktuell zugestehen. Organisationsgrad und öffentliche Kommunikation sind weniger weit fortgeschritten, ebenso das Bildungswesen und die politische Struktur. In Palästina sind Themen wie Erziehung zu Menschenrechten, Bürgersinn, Verankerung des parlamentarischen Systems und Frauen in Entscheidungspositionen die Themen der Stunde, die im Rahmen der politischen Bildung erarbeitet werden müssen. Für die Israelis sind dies Themen, mit denen sie sich seit fünfzig Jahren beschäftigen.

Unsere Verschiedenheiten äussern sich auch alltäglich. So sind die palästinensischen Wochenfeiertage Freitag und Sonntag, der israelische Feiertag der Samstag. Unsere Nationalfeiertage und religiösen Feiertage finden zu verschiedenen Zeiten statt und sind mit unterschiedlichen Verhaltensweisen verknüpft. So wird im muslimischen Monat Ramadan tagsüber nicht gegessen, getrunken und geraucht; auch den Gästen wird meistens nichts angeboten. Selbst wenn man Gästen etwas anbietet, gebietet diesen die Höflichkeit, das Angebot auf keinen Fall anzunehmen, sondern das Einhalten des Fastens zu bekräftigen. Wenn diese Konvention den israelischen Gesprächspartnerinnen nicht bekannt ist, kann sie zu Irritationen führen.

Auch die sozialen Systeme sind so grundlegend verschieden, dass wir uns missverstehen müssen, wenn wir uns unsere Unterschiede nicht immer wieder vor Augen führen: Die Israelinnen verdienen im Durchschnitt mehr als das Doppelte von dem, was die Palästinenserinnen verdienen. Sie sind sozialversichert, altersversichert und haben eine Krankenversicherung. Die palästinensischen Gesprächsteilnehmerinnen aber verfügen über nichts dergleichen. Die Israelinnen haben ein einigermassen normales, geregeltes und gesichertes Leben. Wir aber gehen sofort nach der Arbeit nach Hause, haben keine Möglichkeit auszugehen und leben auf Grund der Besatzung in dauernder Gefahr.

Den palästinensischen und israelischen Friedensfrauen ist es wichtig, die Menschen auf beiden Seiten von der Notwendigkeit der gemeinsamen Arbeit zu überzeugen. Diese Überzeugungsarbeit ist leichter, wenn sie zunächst im eigenen Haus geschieht, bevor man das Gespräch darüber mit der anderen Seite sucht. Deshalb hat jedes Zentrum seine eigenen Programme, die sich nach den Bedürfnissen der eigenen Gesellschaft richten, so zum Beispiel Kurse über Erziehung zur Demokratie und über Menschenrechte für palästinensische Frauen oder auf israelischer Seite Kurse über die Integration äthiopischer Frauen, welche als aussereuropäische Jüdinnen in der israelischen Gesellschaft ebenfalls diskriminiert werden. Der »Jerusalem Link« als Dach der beiden Frauenorganisationen führt gemeinsame Programme durch, die sich mit der politischen Situation auseinandersetzen und Frauen in politischer Arbeit schulen. Im Zentrum unserer Arbeit stand dabei von Anfang an auch Jerusalem, der Ort unseres Wirkens und der Brennpunkt heikler politischer, religiöser und emotionaler Fragen.

Als die Idee einer Kampagne für ein gemeinsames Jerusalem im Herbst 1996 zum erstenmal aufkam, hatten wir das besondere Gefühl, »das Richtige zu tun«. Die Unterstützung von seiten der Europäischen Kommission und weiterer Geldgeber bestätigte die Wichtigkeit unserer Arbeit. Unter dem Titel »Sharing Jerusalem: Two Capitals for Two States – Jerusalem miteinander teilen: zwei Hauptstädte für zwei Staaten« organisierten wir eine Aktionswoche.

Jerusalem miteinander teilen: zwei Hauptstädte für zwei Staaten

»Sharing Jerusalem« fand zum Gedenken an die dreissigjährige israelische Besatzung von Ost-Jerusalem in der dritten Juniwoche des Jahres 1997 statt. Die Kampagne umfasste eine Reihe politischer, bildungsbezogener und kultureller Ereignisse. Sie wurde gestartet, um die regionale und internationale Aufmerksamkeit auf die andauernde Besatzung in Jerusalem zu lenken. Sie war gleichzeitig, und dies war vielleicht am wichtigsten, ein erstes grosses gemeinsames Friedensprojekt der palästinensischen Frauen des »Jerusalem Center for Women« und der israelischen Frauen von »Bat Schalom«.

Ziel der Kampagne war es, eine Vision für kurze Zeit Wirklichkeit werden zu lassen: die Vision einer offenen Stadt, einer Stadt, die zwei Völkern, zwei Nationen als Hauptstadt dient. Dies war in der israelischen wie auch in der palästinensischen Gesellschaft keine populäre Haltung und ist es auch heute nicht. Die grosse Mehrheit der Israelis und Palästinenser sind der Meinung, dass Jerusalem nur ihnen allein gehören sollte. Die Realität der Stadt Jerusalem ist jedoch eine andere. Es ist eine Stadt mit zwei Hälften: einer jüdisch-israelischen und einer muslimischen und christlichen palästinensischen Hälfte. Doch kein Kompromiss scheint möglich; das Projekt »Sharing Jerusalem« war für Israelis wie für Palästinenser äusserst schwer zu akzeptieren und voller emotionaler Sprengkraft. Es drohte, seine Organisatorinnen in den Augen der Bevölkerung zu Verräterinnen und Kollaborateurinnen zu machen.

Als Frauen hatten wir weniger zu verlieren als Männer, wenn wir vom allgemeinen Konsens abwichen. Wir waren stolz darauf, selbst etwas gewagt zu haben, das Männern nicht zu versuchen gestattet war. Da das Thema »Zukunft von Jerusalem« so kontrovers war, arbeiteten wir hart an Diskussionsplattformen, um Möglichkeiten neuer, gemeinsamer Visionen zu erforschen. Den palästinensischen Frauen musste die Palästinensische Autonomiebehörde grünes Licht geben, bevor sie sich auf den Prozess einlassen durften. Sie musste den Slogan »Zwei Hauptstädte für zwei Staaten« akzeptieren und einer Frauen-Nichtregierungsorganisation das Recht zugestehen, diesen explosiven Punkt aufzugreifen. Die Palästinensische Autonomiebehörde gab schnell ihr Einverständnis. Da sie das Problem Jerusalem selber nicht thematisieren durfte – so war es in den Friedensverhandlungen vereinbart worden –, war sie eigentlich froh, dass wir es mit unserer Kampagne taten. In den Verhandlungen zwischen der PLO und der israelischen Delegation wurde das Thema Jerusalem als so sensibel eingeschätzt, dass vereinbart wurde, erst dann darüber zu diskutieren, wenn zwischen den Verhandlungspartnern Vertrauen aufgebaut sein würde. Die Wartezeit, bis Jerusalem als Thema der Verhandlungen auf die Tagesordnung gesetzt würde, nutzte die israelische Regierung, um Jerusalem durch umfangreiche Siedlungen in Ost-Jerusalem zu erweitern und damit neue Tatsachen zugunsten Israels zu schaffen. Solche einseitigen Aktionen zerstörten das Vertrauen zwischen den beiden Seiten und machten es noch schwieriger, das Thema Jerusalem zu diskutieren. Israel schien ganz und gar nicht bereit, uns Palästinensern Ost-Jerusalem als unsere Hauptstadt abzutreten.

Die von Israel geschaffenen Tatsachen, die die nationalen und politischen Rechte wie auch die Menschenrechte von Palästinensern in Jerusalem verleugnen, gehen sehr weit. Durch die Konfiskation von palästinensischem Land auf Jerusalemer Stadtgebiet, die Zerstörung palästinensischer Häuser und die Deportation von Palästinensern aus Jerusalem ist die Zahl der palästinensischen Einwohner Jerusalems empfindlich verringert worden. Nach Sonnenuntergang liegt über Ost-Jerusalem eine unheimliche Ruhe: Läden, Restaurants, sogar die kleinen Strassenkioske sind geschlossen, die Rolläden heruntergelassen. Die palästinensischen Menschen sind nahezu unsichtbar. Weniger als einen Kilometer entfernt in West-Jerusalem sind die Strassen voller geschäftiger Israelis, die ihre Familien und Freunde in belebten Läden und Cafés treffen.

Mitten in diese schwierige Arena kamen wir mit unserem Projekt »Jerusalem miteinander teilen: zwei Hauptstädte für zwei Staaten«. Wir Organisatorinnen des Projekts wurden mit Anschuldigungen überhäuft: »Wie könnt ihr es wagen, Jerusalem zu teilen! Wie könnt ihr es wagen, Jerusalem für zwei Hauptstädte vorzuschlagen! Ihr gebt West-Jerusalem an die Israelis weg! West-Jerusalem ist palästinensisches Land, das mit Gewalt genommen wurde. Ihr wollt es weggeben, bevor die Verhandlungen auch nur begonnen haben? Wer hat euch beauftragt, über Jerusalem zu sprechen und eine solche Lösung auszudenken?«

Das äusserst sensible, mit Emotionen befrachtete Thema Jerusalem führte auch unter uns Friedensfrauen zu Auseinandersetzungen und Missverständnissen. Einige davon waren unmöglich aufzulösen, andere wurden auf einen späteren Zeitpunkt verschoben. Ich erinnere mich mit einer gewissen Bitterkeit daran, wie wir palästinensischen und israelischen Frauen im Frühling und Sommer 1997 fast nicht über die stereotypen Ängste vor »den anderen« hinwegkommen konnten, obgleich wir als »Jerusalem Link« seit mehr als drei Jahren zusammenarbeiteten. Eine derart polarisierte Situation begrenzt den Raum für einen vernünftigen und objektiven Dialog. Dennoch war es selbst unter solchen Umständen für uns entscheidend, zuzulassen, dass zwei Sammlungen von Fakten existierten und dass es eher zwei Geschichten als eine Geschichte gab. Gegenseitiger Respekt kann das Fundament für spätere politische Verständigung legen, sogar für Versöhnung. Kein Zweifel, es war ein schmerzlicher Prozess, und er wird schmerzlich bleiben. Ich muss zugeben, dass es in solchen Momenten tröstlich und sogar befriedigend war, die andere Seite über ihre Sorgen und Nöte reden zu hören. Wenigstens für einen Augenblick waren wir Palästinenserinnen nicht die einzigen, die Probleme hatten. »Teilen wir die Depression«, sagte ich manchmal, und alle lachten.

Natürlich brachte das grüne Licht der Palästinensischen Autonomiebehörde nicht alle kritischen Stimmen zum Schweigen. Politischer Schutz war nötig. Und so schufen wir unverzüglich ein Komitee von mehr als dreissig einflussreichen Persönlichkeiten, das unterstützend und beratend wirken sollte – Frauen und Männer, die die ganze Bandbreite der politischen Parteien, einschliesslich der Opposition, repräsentierten.

Der Vorstand des »Jerusalem Center for Women« und das politische Komitee waren für die Genehmigung jeglicher Zusammenarbeit mit den Israelinnen und aller öffentlichen Verlautbarungen zuständig. Die meisten von ihnen waren führende Mitglieder in politischen Parteien und mussten darauf achten, im Sinne ihrer Parteien zu handeln. Sie waren überlastet mit Parteiaufgaben und meist zusätzlich verantwortlich für die parteinahen Organisationen und Sozialprojekte, bei denen sie angestellt waren. Zwar unterstützten sie die Kampagne, nur wenige jedoch beteiligten sich aktiv daran. Sie vermieden es, Interviews zu geben oder klare Stellungnahmen abzugeben. Sie waren nur als Beobachterinnen dabei und würden dann hervortreten, wenn die Kampagne erfolgreich verliefe. Sollten aber Probleme auftauchen, wollten sie nichts damit zu tun haben. Es war immer ein Kampf, das Komitee zu einem Treffen zu bewegen oder eine klare Zustimmung zu einem Programmpunkt oder einer Aktivität zu bekommen. Um weitermachen zu können, war es oft nötig, ohne sein Einverständnis zu handeln, mit dem Risiko, dafür getadelt und kritisiert zu werden.

In einer solchen Situation zu arbeiten war sowohl herausfordernd als auch verwirrend. Wir mussten uns dauernd selbst ermutigen: »Wir werden es schaffen, wir glauben an das, was wir tun.« Wann immer wir in eine Sackgasse gerieten, fanden eine oder zwei Frauen wie durch ein Wunder einen Weg, der eine Lösung bot und das Projekt rettete.

Wenn Sprache zur Falle wird

Nicht zu unterschätzen war die Gefahr sprachlicher Missverständnisse auch innerhalb des »Jerusalem Link«: Sich über den Projektslogan einig zu werden erwies sich als äusserst schwierig und führte zu endlosen Diskussionen. Wir einigten uns – wohl immer noch zu schnell – auf den Slogan »Jerusalem miteinander teilen« und klammerten zunächst bewusst die Definition dessen aus, was mit »teilen« gemeint war. Wir wussten, wir würden uns nicht einigen können.

Bedeutete »teilen« West-Jerusalem für die Israelis und Ost-Jerusalem für die Palästinenser? Was war mit den Siedlungen, was mit dem konfiszierten Land und den Enteignungen palästinensischen Besitzes? Bedeutete »miteinander teilen«, Jerusalem auseinanderzunehmen oder zu einigen? Hiess »teilen«, dass Palästinenser in ihre Häuser und zu ihrem Besitz in West-Jerusalem zurückkehren konnten? Und welches Jerusalem meinten wir: die Stadtgrenzen von 1967 oder die erste, zweite oder dritte Ausdehnung dieser Grenzen? Bezogen wir uns auf die aktuellen Stadtgrenzen oder auf die Grenzen des geplanten grösseren Jerusalem? Jedes Mitglied des Komitees des »Jerusalem Link« beantwortete diese Fragen anders. Wir scheuten vor zu vielen Fragen zurück, im Bewusstsein, dass eine vertiefte Diskussion zu heiss werden könnte. Palästinensische Befürchtungen bezüglich der israelischen Interpretation wurden laufend bestätigt. Es zeigte sich, dass unsere israelischen Partnerinnen mit Ost-Jerusalem nicht wie wir das Ost-Jerusalem meinten, das 1967 besetzt worden war, sondern die erweiterten östlichen Teile von Ost-Jerusalem – ein für Palästinenserinnen völlig unannehmbarer Vorschlag. Schmerzhafte und verwirrende Diskussionen folgten. Als Palästinenserinnen fühlten wir uns in unseren Gedanken und Aktionen oft isoliert, verletzlich und angreifbar.

Es gab Gespräche, bei denen ich das Gefühl hatte, in eine Falle zu treten, beispielsweise als die Israelinnen eine mögliche Erweiterung der Grenzen von Ost-Jerusalem nach Osten bis Ramallah und südlich bis Abu Dis ins Spiel brachten; dies könnte dann die palästinensische Hauptstadt mit dem Namen Ost-Jerusalem werden. Solche Bemerkungen der Israelinnen nahm ich als Versuchsballon wahr, der unsere Reaktion prüfen sollte. Je vertiefter wir diskutierten, desto mehr zeigte sich, dass solche Ideen beabsichtigten, unsere Rechte und Forderungen zu umgehen. Das schockierte uns und flösste uns Angst ein. Wie konnten wir unsere Leute von unseren tatsächlichen Anliegen überzeugen, wie wir sie gemeinsam öffentlich kundtaten, wenn dahinter solche anderen Gedanken standen? Unser Misstrauen bestand auch während der Vorbereitungsgespräche, denn wir standen auf gefährlichem Boden. Wenn wir einen Kompromiss eingingen, mussten wir seine möglichen Konsequenzen und Implikationen bis weit in die Zukunft mitbedenken. Dadurch wurden die Diskussionen keineswegs einfacher.

Schliesslich einigten wir uns auf einen Kompromiss, indem wir den Slogan so offen wie möglich hielten: »Jerusalem miteinander teilen: zwei Hauptstädte für zwei Staaten«. Für kurze Zeit, aber nur für kurze Zeit, funktionierte das. Auf englisch – Israelinnen und Palästinenserinnen verständigen sich auf englisch – schien es einfach und klar, »teilen« zu verstehen. Als jedoch der Slogan auch auf arabisch und hebräisch übersetzt gedruckt war, wurden sowohl die israelischen als auch die palästinensischen Frauen mit Anschuldigungen überhäuft. Die hebräische Übersetzung von teilen wurde verstanden als »zusammen in einer Stadt leben«, was auch interpretiert wurde als »zusammen in einem Bett schlafen« oder, etwas neutraler, »zusammen in einem Raum leben, jeder in seiner eigenen Ecke«. Schon diese Interpretation warf problematische Fragen auf: Wem gehört dieser »Raum« Jerusalem? Wer wird diesen Raum kontrollieren? Da wir Palästinenserinnen die Schwächeren sind und Israel an der Macht ist, würde dies bedeuten, dass wir israelische Vorherrschaft akzeptierten. Niemals!

Die arabische Übersetzung wurde verstanden als »Sandwich-Stadt«. Das Bild vom Sandwich erzeugte aber wiederum Missverständnisse, denn in Jerusalem sind zwei Sorten Sandwiches verbreitet: das orientalische und das westliche. Das klassische orientalische Sandwich ist eine Pita, eine runde Brottasche, die oben aufgeschnitten und mit Falafel, einem Kichererbsengemisch, und Salat gefüllt wird. Das westliche Sandwich besteht aus zwei getrennten Brotscheiben. Es fällt, anders als das orientalische Sandwich, leicht auseinander. Die Idee einer »Sandwich-Stadt« wurde akzeptiert oder abgelehnt, je nachdem welche Sorte Sandwich man sich vorstellte. Interessanterweise interpretierte die israelische Seite sie fast einmütig als westliches Sandwich, in der Bedeutung, dass die Stadt Jerusalem, wie vor 1967, wieder geteilt werden sollte. Ein sprachlicher Konsens wurde nicht erreicht, weitere Gespräche darüber wurden einfach verschoben.

Nach langen Tagen zäher Diskussion über Gestaltung, Inhalt und Produktion des »Jerusalem miteinander teilen«-Programmplakates übernahm schliesslich die palästinensische Seite die Verantwortung für den Druck. Bei der Abgabe in der Druckerei entdeckte die palästinensische Koordinatorin eine Leerstelle auf dem Programm. Da sie es schade fand, den Platz nicht mit einem schönen Gedanken zu füllen – ohne zu bedenken, dass sie sich mit der israelischen Seite beraten müsste –, fügte sie folgende Sätze hinzu: »Die lebendige Stadt Jerusalem, Symbol des Friedens, hat viel Unrecht erlitten. Lasst uns zusammenarbeiten, um die zweitbeste Wahl für beide Völker Wirklichkeit werden zu lassen. ›Jerusalem miteinander teilen: zwei Hauptstädte für zwei Staaten‹ ist die Antwort.« Wenige Tage später waren zehntausend Plakate gedruckt. Beinahe sofort bemerkten Israelinnen die neuen Sätze, und sie wurden wütend. Die israelische Koordinatorin verlor die Nerven und weigerte sich, irgendwelche Erklärungen über den Zusatz anzuhören.

Der Zorn hatte einen tieferen Grund als einfache Empörung über das eigenmächtige Handeln der palästinensischen Koordinatorin. Es war im Verlauf von »Jerusalem miteinander teilen« immer wieder vorgekommen, dass jemand ohne Genehmigung handelte, und das liess sich üblicherweise leicht klären. Der Ausdruck »zweitbeste Wahl« jedoch hatte die israelischen Frauen in einen Konflikt getrieben, und viele von ihnen glaubten, er unterminiere den Geist des Projektes. Die palästinensische Koordinatorin verteidigte sich: »In Kursen über Konfliktlösung wurde mir beigebracht, die zweitbeste Wahl akzeptieren zu lernen. Während die meisten palästinensischen und israelischen Frauen nur die erste Wahl akzeptieren, haben wir Frauen des ›Jerusalem Link‹ zum Wohl von Frieden und Gerechtigkeit in einen Kompromiss eingewilligt.« Diese Erklärung wurde von der israelischen Seite schlicht zurückgewiesen. Sie argumentierten, dass, sogar wenn die Mehrheit der Palästinenser und Israelis vollständige Kontrolle über Jerusalem wollten, wir Frauen für den Frieden doch wüssten, dass der Kompromiss der

Teilung die einzige Möglichkeit sei. Erst nach vielen Telefongesprächen begann ich zu verstehen, was die israelischen Frauen vorhersahen: »Zweitbeste Wahl« würde als fauler Kompromiss verstanden; unsere Kampagne schien ihnen durch uns selbst abgewertet, weil auch wir nur den Alleinanspruch einer Seite als erste Wahl gelten liessen. Ich entschuldigte mich bei der israelischen Koordinatorin für den unglückseligen Fehler. Sie war nicht bereit, meine Entschuldigung anzunehmen, da sie immer noch glaubte, der Fehler sei Absicht gewesen. Nun war es an mir, mich verletzt und unfair behandelt zu fühlen. Die einzige Möglichkeit, weiteren Diskussionen zuvorzukommen, war, eine praktische Lösung für das Problem zu finden. Trotz Schuldgefühlen, Wut und Misstrauen kamen wir wieder zusammen und fanden eine Lösung: Abziehkleber, die gross genug waren, um den verletzenden Satz abzudecken. Drei Tage und drei Nächte lang brachten Mitarbeiterinnen und Freiwillige beider Zentren grosse weisse Kleber mit zwei Friedenstauben über dem beanstandeten Satz an. Während dieser langen Stunden zwinkerten wir uns oft zu und schüttelten den Kopf in stillem Einvernehmen über die absurde Situation, in der wir uns befanden. Wie auch immer, die Friedenstauben retteten die »Jerusalem miteinander teilen«-Programmplakate und halfen uns aus einer tiefen Krise heraus.

Heikler internationaler Beistand

Trotz all der Schwierigkeiten bei der Vorbereitung wurde die Kampagne ein Erfolg. Es gab Konzerte, Podiumsdiskussionen, Ausstellungen, gemeinsam geführte Stadtrundgänge und eine Demonstration, an der 10 000 Personen teilnahmen. Auch die Medienpräsenz war sehr gross. Die breite internationale Teilnahme an der »Jerusalem miteinander teilen«-Konferenz, einem wesentlichen Bestandteil der Kampagne, war bedeutend. Allein aus Italien kamen mehr als hundert Frauen, unter ihnen auch Parlamentarierinnen. Andere kamen aus Skandinavien, West- und Mitteleuropa und Nord- und Südamerika. Die Unterstützung durch diese internationalen Gäste war von unschätzbarem Wert. Als Projektorganisatorinnen werden wir ihnen immer dankbar sein für ihr Interesse und ihre Bemühungen. Dennoch hatte die internationale Beteiligung ihren Preis. Oft glaubten Gäste von ausserhalb, sie wüssten besser als wir, wie in Sachen Jerusalem vorzugehen sei. Eine europäische Friedensaktivistin überraschte uns im nachhinein mit ihrer Verärgerung über den »Jerusalem miteinander teilen«-Dokumentarfilm: »Weder die italienischen Gäste noch die Mütter der Verschwundenen von der Plaza de Mayo in Argentinien, die während der Kampagne anwesend waren, werden im Film gezeigt. Die Reden der internationalen Gäste hätten einbezogen werden sollen, da sie mehr zählen als das, was ihr zu sagen habt!« Obgleich mich ihre Worte verletzt und verärgert hatten, antwortete ich ruhig und liess sie wissen, dass wir genug Material hätten, um eine mehrstündige Dokumentation herzustellen, und dies sehr gern tun würden. »Sollten wir dafür Geld erhalten, werde ich mit Freude deine Kommentare einbeziehen«, antwortete ich, »aber in einem 14-Minuten-Film war dies einfach nicht möglich.« Diese Begebenheit machte deutlich, dass unsere Partnerinnen weit mehr Eigeninteressen verfolgten, als wir wahrhaben wollten.

Leider war der Dokumentarfilm nicht der einzige ernsthafte Konflikt zwischen lokalen und internationalen Mitgliedern von »Jerusalem miteinander teilen«. Weit schlimmer war der Streit um einen Modekatalog von Benetton, den die Firma produzierte, um unsere Kampagne zu unterstützen. Benetton war uns von italienischen Friedensaktivistinnen vorgestellt worden. Benettons Leute waren an den Aktivitäten wie Medienleute beteiligt und fielen nicht weiter auf. Unter dem Titel »Feinde« bildete der Katalog viele Frauen, die in »Jerusalem miteinander teilen« involviert waren, in Benetton-Kleidern ab. Naomi Chazan, ein israelisches Knesset-Mitglied, und Sahîra Kamâl, Direktorin im palästinensischen Ministerium für Geschlechterplanung und internationale Entwicklung, erschienen zusammen auf einem Foto. Auf einem anderen Foto waren die israelische und die palästinensische Koordinatorin einer Dialoggruppe von jungen Frauen zusammen abgebildet. Die palästinensische Frau trug ein hellrosa Benetton-Kleid unter ihrem traditionellen Gewand. Die wichtigen Arbeitsbeziehungen dieser Frauen wurden der Präsentation von Mode untergeordnet. Der wohl umstrittenste Aspekt des Benetton-Katalogs war sein Titelblatt: Ein dunkelhäutiger Beduinenjunge küsst ein blondes israelisches Mädchen auf den Mund! Ein solches Bild verletzt die Gefühle der meisten Angehörigen der im Nahen Osten lebenden Kulturen. Küssen ist in der palästinensischen Kultur eine private Angelegenheit zwischen zwei Menschen und nichts, was man in der Öffentlichkeit tut. Sobald der Katalog erschien, wurden wir mit Fragen und Beschwerden überschüttet. Waren solche Intimitäten zwischen Palästinensern und Israelis der Zweck von

»Jerusalem miteinander teilen«? Hatten wir die Absicht, die Ernsthaftigkeit des israelisch-palästinensischen Konflikts mit solchen Bildern herabzumindern?

Dies traf keineswegs zu. Wiederum waren wir ausgebeutet worden, als Frauen und als Friedensaktivistinnen. Aus Protest verfassten wir eine gemeinsame Stellungnahme gegen Stil und Inhalt des Katalogs. Diese Stellungnahme wurde im israelischen Pressehaus in West-Jerusalem während der internationalen Lancierung des Katalogs verteilt und eine Kopie an das Orient-Haus und an das Büro des Präsidenten Arafat gesandt. Benetton und einige der internationalen Mitglieder des »Jerusalem Link« waren nicht glücklich über unsere Aktion, aber wir waren stolz darauf, uns verteidigt zu haben. Wenn Benetton wirklich die Arbeit des »Jerusalem Link« unterstützen wollte, wie behauptet wurde, hätte die Firma eine Spende für die Arbeit unserer Zentren leisten können. Dies wäre ein produktiver Beitrag zum Frieden gewesen.

Zum Abschluss unserer Kampagne sollte ein Bericht veröffentlicht werden. Es dauerte jedoch mehr als eineinhalb Jahre, bis er erschien. Die inneren Schwierigkeiten traten auch hier wieder hervor. Da »Jerusalem miteinander teilen« eine Initiative von Frauen gewesen war, wollten wir im Bericht die Stimmen von Frauen zu Gehör bringen. Mitglieder des Leitungskomitees und Teilnehmerinnen des Symposiums hatten angeboten, Artikel zu verfassen. Als aber der Einsendeschluss verstrichen war und nur drei Artikel von Frauen vorlagen, waren wir gezwungen, Beiträge von Männern anzunehmen. Während dies auf palästinensischer Seite notgedrungen akzeptiert wurde, fand Daphna Golan, die israelische Koordinatorin, einen »Jerusalem miteinander teilen«-Bericht, der von fünf Männern und nur drei Frauen geschrieben war, inakzeptabel. Also schrieb sie einen persönlichen Essay, der ihre Gedanken und Gefühle während der Arbeit am Projekt beschrieb. Darin wurde dem Thema »Essen« besondere Aufmerksamkeit gewidmet. Daphna Golan beschrieb, dass es, wenn wir uns zum Reden und Streiten um den blauen Tisch versammelten, immer etwas zu trinken, manchmal auch zu knabbern gab. Aber nie seien wir zusammen essen gegangen – was für sie Ausdruck guter Zusammenarbeit gewesen wäre. Für die Palästinenserinnen war die Betonung des Essens rätselhaft. Weshalb sollte das Essen wichtig sein in einer Diskussion über die Zukunft von Jerusalem? Der Essay beschrieb ausserdem die Ängste der Durchschnittsisraelis während der Woche der Kampagne, in der ein Selbstmordattentat stattgefunden hatte. »Warum hat sie die Zerstörung palästinensischer Häuser nicht erwähnt oder die Tötung palästinensischer Zivilpersonen durch israelische Soldaten?« fragten wir Palästinenserinnen. »Auch dies hat sich in der gleichen Woche ereignet. Israelis versäumen nie eine Gelegenheit, um alle Palästinenser schlecht aussehen zu lassen wegen der Aktionen von einem oder zwei Individuen.« Schliesslich einigten wir uns mit den Israelinnen darauf, dass der Essay in den Bericht aufgenommen wurde. Immerhin erhöhte sich so die Anzahl der Autorinnen, was ein erfreuliches Ergebnis für alle Beteiligten war.

Das Projekt »Sharing Jerusalem« machte die grundlegenden Fragen deutlich: Wie gehen wir mit der Asymmetrie zwischen uns Israelinnen und Palästinenserinnen um?

Wie gelingt es uns, eine Partnerschaft von Gleichberechtigten zu bilden? Wir alle hatten zunächst Jerusalem als Eigentum betrachtet und waren dann doch an den Punkt gekommen, an dem sich die Überzeugung durchsetzte, dass die Stadt geteilt werden müsse. Wie beeinflusste dies unsere persönlichen Lebensgeschichten?

Gila Svirsky, die kurz nach der Kampagne von Daphna Golan die Leitung von »Bat Schalom« übernommen hatte, formulierte den Unterschied in unserem Zugang zur Friedensarbeit in einem Gespräch so: »Die israelischen Frauen suchen den Dialog mit Palästinenserinnen, damit sie nachts besser schlafen können. Die Palästinenserinnen kommen in unsere Dialoggruppen, um die Israelinnen daran zu hindern, nachts ruhig einzuschlafen. Sie fordern, dass über die politischen Fragen diskutiert wird, während die Israelinnen Freundschaften schliessen möchten. Sie möchten gemeinsam Kaffee trinken, über die Kinder sprechen, über gute Bücher, die sie gelesen haben, oder über Frauenthemen und besonders über Gewalt gegen Frauen.« Aber Gewalt gegen Frauen ist für uns Palästinenserinnen ein Thema, über das zuerst im privaten Kreis gesprochen wird, und wir sahen nicht ein, weshalb wir dieses Tabuthema ausgerechnet mit Israelinnen besprechen sollten. Für uns kamen andere Themen, zum Beispiel die Besatzung, zuerst.

Unsere israelischen Gesprächspartnerinnen erkennen zwar die Fehler der israelischen Regierung. Sie möchten aber dieses Thema auch einmal hinter sich lassen. Doch wir Palästinenserinnen können die Politik nicht hinter uns lassen. Sie bestimmt unseren Alltag, unser ganzes Leben.

Liebe Daphna …
Dialog zwischen Ungleichen

Wir hatten die Kampagne »Jerusalem miteinander teilen« gemeinsam und erfolgreich abgeschlossen. Viele Verletzungen und Konflikte hatten jedoch nicht ausdiskutiert werden können; sie mussten von Daphna Golan, der Direktorin von »Bat Schalom«, und mir, der Direktorin des »Jerusalem Center for Women«, unter den Teppich gekehrt werden, damit die Arbeit weitergehen konnte. Daphna Golan verliess »Bat Schalom« kaum zwei Monate nach der Kampagne und verbrachte anschliessend ein Jahr in den USA. In dieser Zeit waren unsere Kontakte spärlich und rein sachlicher Natur. Nach ihrer Rückkehr nach Israel fand Daphna eine Anstellung am Truman Institute, und es wurde ihr dort im Rahmen ihrer Forschungstätigkeit ermöglicht, ihre Erfahrungen in der Friedensarbeit niederzuschreiben. Sie rief mich an, da sie eine palästinensische Soziologin oder Anthropologin als Mitautorin für einen Artikel suchte. Ich gab ihr einige Namen, versicherte ihr jedoch, dass angesichts der bestehenden Barrieren keine Palästinenserin bereit sein würde, gemeinsam mit ihr einen Artikel zu schreiben. Sie versuchte es dennoch, tatsächlich ohne Erfolg. Ich schlug ihr vor, wir beide könnten zusammen über die verdeckten Konflikte von »Jerusalem miteinander teilen« schreiben, denn sie lagen mir noch wie ein Stein im Magen. Daphna war einverstanden. Ich schrieb aus meiner Sicht über die Schwierigkeiten beim Projekt und nahm Stellung zu den Konflikten. Schriftlich in einen Dialog zu treten machte vieles leichter: Probleme liessen sich breit darlegen, Gefühle konnten bedacht und vorsichtig formuliert und Gedanken vollständig übermittelt werden, da weder Mimik, Körpersprache noch provozierende Worte und direkte Reaktionen des Gegenübers den Gedankenfluss störten. So blieb der Prozess des Dialoges erhalten.

Daphna las meinen Bericht, der sie vielleicht ärgerte, erstaunte oder in Wut versetzte, aber das geschah in meiner Abwesenheit. Zugleich verstand sie, je mehr sie las, meine Gedanken besser, hatte bestimmt ab und zu ein Aha-Erlebnis, und ihr Wissen um meine Sorgen und meine Lebenssituation erweiterte sich. Ein Prozess der Einfühlung in die Situation der »anderen«, ein gewisser Respekt, vielleicht auch Bewunderung wurden möglich. Danach schrieb sie mir ihre Gedanken und Ansichten, und ich machte denselben Prozess durch.

Ich erkannte, dass Daphna viel Wert auf das Persönliche legte und Verständnis hatte für vieles, was im Gespräch nicht zum Ausdruck gekommen war. Ich erkannte ihr Suchen nach einer neuen Form der friedlichen Auseinandersetzung, als Frau, Feministin und Antimilitaristin.

Ich erkannte auch, welche Schwierigkeiten Daphna hatte, die eigene Seite von der Notwendigkeit der vom »Jerusalem Link« erhobenen Forderungen zu überzeugen. Welchen Kampf sie zum Beispiel mit Ehud Olmert, dem Bürgermeister von Jerusalem, geführt hatte, der uns die 28 000 Dollar für das geplante Konzert mit der irischen Sängerin Sinéad O'Connor im Sultan Pool nicht zurückzahlen wollte, das wegen Morddrohungen nicht hatte stattfinden können. Der Bürgermeister hatte den Aushang von Plakaten und

Werbung für unsere Kampagne verboten. Er gab seiner Freude über das Scheitern des Konzertes Ausdruck, anstatt die Morddrohungen der israelischen Fanatiker zu verurteilen. Erst zwei Jahre später, nach einem Gerichtsverfahren, zahlte er das Geld zurück; für Anwaltskosten gaben wir 8000 Dollar aus.

Daphna zeigte sich in ihrem Text enttäuscht darüber, dass ich sie als »die Israelin« und »die Koordinatorin« bezeichnet hatte und nicht, wie sie gehofft hatte, als meine Kollegin, als Frau, die mit einer anderen Frau zusammen für den Frieden arbeitete, als meine Freundin. Als ich das gelesen hatte, schrieb ich ihr einen Brief, der zugleich politisch und persönlich war, auf den sie ihrerseits als Person und als Mitstreiterin reagierte. Diese Briefe fügten wir in unseren gemeinsamen Bericht ein.

Jerusalem, August 1999

Liebe Daphna

Ich glaube, dies ist das erste Mal, dass ich »liebe Daphna« schreibe! Du siehst, ich kann das ohne weiteres, solange es im Privaten geschieht, und ich weiss, dass du es schätzt. Das Problem ist, dass wir nie darüber sprechen, warum das so ist, obwohl wir es tief in unserem Herzen genau wissen. Wir leiden lieber, als uns dem Problem zu stellen! Solange unsere Beziehungen nicht nur offiziell, sondern hochpolitisch sind und solange das grosse Gefälle zwischen unseren Völkern besteht und die eine von uns die Besatzerin und die andere die Besetzte ist, so lange wird es politisch inakzeptabel bleiben, dich als Freundin anzusprechen. In erster Linie bleibst du eine Person, die einen Platz in der Maschinerie des politischen Sy-

stems hat, das mein Leben und mein Volk unterdrückt. Es tut mir leid, dies in aller Härte aussprechen zu müssen, aber es ist die Spiegelung der Realität. Ich will offen und ehrlich sein, wohl wissend, dass ich verletze. Ich wünschte, unser Kampf um Befreiung, Heimat, politische Unabhängigkeit, Integrität und Souveränität wäre vorbei und wir könnten beginnen, einen gemeinsamen Frieden für beide Völker aufzubauen. Dann wäre es überhaupt kein Problem, Freundinnen zu sein und uns einander nahe zu fühlen, jenseits der Barrieren von Nationalismus und Politik. Du erinnerst dich, dass unsere Zusammenarbeit als Pioniertat zu einer Zeit begann, als es für beide Seiten verboten war, sich zu treffen und miteinander zu sprechen. Es wurde toleriert, aber nur deshalb, weil wir unsere Arbeit als politisch deklarierten. Nur so war eine Zusammenarbeit möglich, und nur so war allen Beteiligten politischer und gesellschaftlicher Schutz gewährt.

Ihr israelischen Mitstreiterinnen träumt von einem offenen, geeinten Jerusalem, das für alle da ist und in dem es keine Flaggen und keine anderen nationalen Symbole gibt. Ihr habt solche Symbole; für euch haben sie ihre politische Aufgabe erfüllt und könnten mit Leichtigkeit abgeschafft werden. Uns wurden all diese Elemente vorenthalten, die für einen Staat als notwendig erachtet werden, und ihr wollt, dass wir sie aufgeben, bevor wir auch nur davon gekostet haben. Ihr fordert Dinge, die einem nachstaatlichen und nachnationalen Zustand entsprechen. Wir aber befinden uns im Vor-Zustand, und wir haben andere Forderungen als ihr.

Ein Jerusalem ohne Mauern ist unser aller Wunsch. Aber wenn wir darauf bestehen, unser Jerusalem zu bekommen, ein palästinensisches Jerusalem, dann meinen wir das Land und den Boden, den Raum und damit auch die Souveränität. Ihr könnt nicht das ganze Jerusalem und die vollständige Kontrolle darüber für euch haben wollen, uns nur Brösel übriglassen und dies dann gar noch als Kompromiss und als Grosszügigkeit bezeichnen. Wir wollen, dass unser Recht, in der Stadt zu leben, Gültigkeit bekommt. Wir wollen die Freiheit, uns zu bewegen und die Stadt zu besuchen. Wir wollen das Recht, in der Stadt zu leben und sie zu lieben, sie zu entwickeln und uns an der Planung ihrer Zukunft zu beteiligen. Es ist ein grosses Opfer für unsere Seite, wenn wir nur Ost-Jerusalem fordern. Was ist mit West-Jerusalem, das der palästinensischen Zivilbevölkerung mit Gewalt genommen wurde? Was ist mit den vielen Gesetzen, die administrative und bürokratische Massnahmen legalisieren – Massnahmen, die auf der Basis ethnischer und religiöser Anschauungen zu Diskriminierung und Apartheid zwischen unseren Völkern führen und die auf einen demographischen Wandel zielen, der die Israelis bevorzugt und die Palästinenser beraubt? Ich weiss, wie aufmerksam und wie sensibel du bist für das Unrecht, das uns gewaltsam zugefügt wird. Ich verstehe deine Verunsicherung und die vielen Fragen nach dem Warum. Du versuchst, der brutalen und grausamen Realität zu entkommen, und du beginnst zu spüren, dass auch du Verantwortung hast und zum Wohl deines eigenen Volkes einen Wandel willst.

Du bringst deinen Schmerz zum Ausdruck, und ich respektiere und verstehe das. Weisst du, dass es sich in unserer Kultur und Tradition nicht gehört, Schmerz zu zeigen oder darüber zu sprechen? Heisst das, dass wir weniger leiden? Es ist stärkend und erleichternd, Schmerz zeigen zu können; ich beneide dich darum. Ich habe das Glück, keine so schreckliche und schmerzvolle Geschichte zu haben wie dein Volk. Mein Unglück fing an, als eures auf Kosten meines Volkes zu enden begann.

Für diejenigen, nicht wahr, die stark und entspannt sind, in stabilen Verhältnissen leben und einen beinahe normalen Alltag haben, ist es ein Luxus, Gefühle zu zeigen, Schmerz zu zeigen. Du kannst dir das leisten. Für diejenigen, die schwach und unterdrückt sind, ist es eine Art Selbstschutz, dem Schmerz keinen Raum zu geben und ihn nicht an die Oberfläche kommen zu lassen. Erinnerst du dich an jemanden, der es in den dunkelsten Momenten eurer Geschichte gewagt hätte, Schmerz offen zu zeigen?

Ihr fragt euch, warum wir Besetzten Normalisierung ablehnen und zurückweisen. Ihr erwartet von uns, dass wir normal handeln in einer anormalen Situation. Wenn wir normal handelten, würden wir die aufgezwungene widernormale Situation als normal und gegeben akzeptieren. Dies wäre ein freiwilliger Verzicht auf unsere Rechte als Volk. Es ist ein Wunschdenken, das dazu dient, das Gewissen jener Israelis zu beruhigen, die ein Verantwortungsgefühl haben, aber weit davon entfernt sind, Schuld zu empfinden. Ich wünsche mir, das Gefühl von Schuld fände einen Weg ins israelische Volk, weil das ein erster Schritt in Richtung Versöhnung mit den Palästinensern wäre. Du kannst nicht behaupten, du wüsstest nicht, dass viele tausend Palästinenser vom israelischen Geheimdienst in die Kollaboration gezwungen wurden. Die Kollaborateure bringen Leben und Zukunft ihres eigenen Volkes in Gefahr, indem sie Normalisierung der Beziehungen vortäuschen.

Jeder Israeli trägt Verantwortung für die Folgen dieses und anderer Kriegsverbrechen. Und ihr erwartet von uns, während wir noch unter Besatzung sind, zu vergessen? Niemals wird es einem Palästinenser erlaubt sein zu vergessen. Verantwortung für die Existenz unseres Volkes übernehmen heisst: nicht vergessen. Aber wir werden lernen zu vergeben, wenn wir unsere Rechte und ein Leben in Würde erreicht haben.

Für die Gleichgültigen ist das Leben einfach. In deiner Gesellschaft ist es möglich, so oder anders zu sein. In meiner Gesellschaft sind die Wahlmöglichkeiten sehr begrenzt. Für uns ist Handeln dringend und lebensnotwendig. Das, was passiert, rührt an die Essenz unseres Lebens und unserer Zukunft.

Es ist so, dass du zu dem Staat und zu der Gesellschaft gehörst, die meine Existenz und die Existenz meines Volkes gefährden. Und dann fragst du so unschuldig, warum Normalisierung zurückgewiesen werde, und du hast Mühe zu verstehen. Unser Problem ist nicht, dass wir nicht miteinander essen oder Kaffee trinken können. Unsere Probleme sind politischer Natur: Wie können wir lernen, zu diskutieren und Lösungen zu entwickeln? Es gibt zahlreiche Beispiele dafür, wie Zusammenkünfte für persönliche oder politische Zwecke missbraucht wurden und schwerwiegende Folgen für einzelne Beteiligte hatten.

Liebe Daphna, noch einmal, du siehst, ich habe impulsiv geschrieben und gedacht. Ich kann dich nicht zu Hause besuchen oder mit dir in einem Restaurant essen. Dies ist für meine Gesellschaft nicht annehmbar, weil unsere Völker noch verfeindet sind. Würde ich es tun, hätte ich das Gefühl, mit Absicht eine Sünde zu begehen. Ich könnte mir das vom menschlichen Standpunkt aus nicht verzeihen, bitte versteh mich, und fühl dich nicht persönlich verletzt. Falls du dich doch verletzt fühlst, dann könnte dies eine Ermutigung sein, etwas dagegen zu unternehmen. Mein Zorn und meine Bitterkeit brechen immer wieder hervor. Meine Frustration und Unzufriedenheit sind ebenfalls immer präsent. Mein unbändiger Wunsch, zu verteidigen und zu erklären, ist hellwach, als wäre ich im Alarmzustand. Dies ist meine Realität, die mir nicht einmal die gleichen Möglichkeiten wie dir gibt, Themen zu diskutieren.

Ich habe das, was ich geschrieben habe, noch einmal gelesen und stelle fest, dass meine Schwierigkeiten, dich einfach als Privatper-

son anzusprechen, offensichtlich sind. Ich habe es versucht, bin aber kurz darauf wieder dazu übergegangen, dich als Repräsentantin anzusprechen, die Verantwortung für ihre Gesellschaft, ihr Volk und ihren Staat trägt. Vielleicht ist das nicht fair, denn auf der persönlichen Ebene können wir miteinander umgehen. Es sind die politischen Probleme, die uns trennen. Sie überschatten unser Leben, wir müssen sie ansprechen!

Trotzdem sollte die schmerzhafte Realität uns nie davon abhalten, zu versuchen, sie zu ändern. Wir haben bereits einen beachtlichen Weg voller Verletzungen und Enttäuschungen zurückgelegt und haben dabei eine Menge voneinander und übereinander gelernt. Ich bin glücklich, diese Erfahrung gemacht zu haben. Dies sind unsere ersten Schritte.

Mit besten Wünschen
Sumaya

Jerusalem, Februar 2000

Liebe Sumaya
Danke für deinen schönen Brief, für deinen Mut und deine Ehrlichkeit. Meine Antwort ist, wie dein Brief auch, persönlich und politisch. Ich habe Monate gebraucht, um dir zu antworten. Ich habe oft an diesen Brief gedacht, ihn verändert, neu geschrieben und ihn nie wirklich beendet.

Du schreibst, dass du mich privat »liebe Daphna« nennen kannst, aber nicht öffentlich. Es ist für mich hart, dies zu akzeptieren, denn du bist mir öffentlich und privat sehr lieb. Ich kenne all die Argumente gegen Normalisierung und respektiere sie, aber persönlich ist es mir unmöglich, eine solche Trennung zwischen dem Öffentlichen und dem Privaten zu machen. Wenn es für dich als

Palästinenserin noch zu früh ist, anzuerkennen, dass ich, eine Israeli, dir auch öffentlich »lieb« sein kann – dann werde ich warten, bis die Zeit kommt.

Du schreibst: »Solange unsere Beziehungen nicht nur offiziell, sondern hochpolitisch sind und solange das grosse Gefälle zwischen unseren Völkern besteht und die eine von uns die Besatzerin und die andere die Besetzte ist, so lange wird es politisch inakzeptabel bleiben, dich als Freundin anzusprechen. In erster Linie bleibst du eine Person, die einen Platz in der Maschinerie des politischen Systems hat, das mein Leben und mein Volk unterdrückt.« Ich lese diese Sätze immer wieder und frage mich, ob du wirklich über mich schreibst. Einen Platz in der Maschinerie des politischen Systems, das dein Leben unterdrückt, soll ich haben? Ich?

Ich habe diese Position als »Feindin« zehn Jahre lang akzeptiert. Ich kann es nicht mehr. Ich bedaure, dass ich nicht fähig bin, mich immerzu schuldig zu fühlen, aber ich will einfach nicht »die andere« sein, die Israeli, die Unterdrückerin, die Besatzerin. Ich bin Daphna, ich bin Mutter, ich bin eine Frau, ich bin Feministin, ich tanze gern. Ich will nicht immerzu als DIE ISRAELI identifiziert werden. Dieser Teil meiner Identität ist sehr problematisch, und dennoch bin ich in meiner Beziehung zu dir immer nur DIE ISRAELI. Du hast natürlich recht. Dass du mich als die andere, als DIE ISRAELI identifizierst, ist deine aktive Ablehnung von Normalisierung. Wenn du mir erzählst, du kannst mich privat, aber nicht öffentlich »liebe Daphna« nennen, dann sagst du mir, dass, solange die Besatzung anhält, solange mein Volk das deine unterdrückt, nichts normal ist und wir öffentlich nicht Freundinnen sein können. Du hast recht, natürlich.

Aber ich habe gehofft, wir könnten jenseits nationaler Grenzen, jenseits der Ungleichheit unserer Situation Freundinnen sein. Wir könnten zusammen essen, wir könnten uns um die Zukunft unserer Kinder ängstigen, und wir könnten zusammen für den Frieden kämpfen. Aber du sagst mir: noch nicht. Es ist für mich in Ordnung. Es war seit Jahren schmerzhaft, es ist noch schmerzhaft, aber ich werde warten.

Während meiner Zeit in Kalifornien gab es Tage, an denen ich heftiges Verlangen nach Hummus verspürte. Manchmal kam eine Freundin mit einem hausgemachten Kichererbsenmus vorbei, das beinahe so gut schmeckte wie das Hummus, das ich mir vorstellte. Alle Mitglieder der israelischen Diaspora im Silicon Valley kauften in iranischen Läden ein, die israelisches Hummus und andere israelische Produkte importierten. Ich weiss, Hummus ist von euch, nicht von uns. Aber dort im schönen Kalifornien gab es Zeiten, in denen ich den Geruch und Geschmack gewisser Speisen von hier vermisste, und die Kolonisationspolitik des Essens war mir egal. Damals fiel mir zum erstenmal auf, dass wir in all den Jahren unserer Zusammenarbeit nur einmal zusammen gegessen haben.

Ich erzähle dir das, weil ich mir bewusst bin, dass meine Situation mir diesen Luxus erlaubt. Ich weiss, ich kann entscheiden, ob ich genug davon habe, mich schuldig zu fühlen. Du kannst nicht einfach deinen Kampf verlassen und gehen. Ich weiss. Aber ich möchte dir wenigstens meine Geschichte erzählen. Ich möchte dich wissen lassen, wie ich deine Unfähigkeit, mit mir zu essen, empfinde.

Irgend etwas stimmt hier überhaupt nicht. Man braucht keine Theorien über Kolonialismus und auch nicht die legalistische Sprache der Menschenrechte, um zu wissen, das hier nichts normal ist. Wer in Jerusalem lebt, weiss, dass etwas sehr falsch ist. Jerusalem ist zu sehr unter Spannung, zu voll mit Leuten, die wissen, dass sie absolut im Recht sind, zu voll mit Leuten, die Rücken an Rücken leben. Ich wünschte, ich könnte mit einer ganz klaren Stimme schreiben, mit einer Stimme, wie ich sie manchmal von meinen Kindern höre, wenn sie mich fragen, warum. Warum haben die Strassen in Ost-Jerusalem Schilder in hebräisch? Warum kann Sumayas Sohn nicht nach Jerusalem kommen? Warum?

Ich habe gehofft, wir wären fähig, einander als Frauen zu erreichen, als Mütter, aber das haben wir nicht getan. Du hast recht, die Hindernisse auf deinem Pfad sind viel schwerwiegender als auf meinem. Ich kann mich vom Kampf für den Frieden und für Menschenrechte verabschieden, du kannst es nicht. Wir haben oft über die Spannung zwischen der feministischen Bedeutung unserer Beziehung und ihrer nationalen Bedeutung gesprochen. Wir wollten feministische Diskussionen, ihr wolltet kämpfen, um die palästinensischen politischen Gefangenen zu befreien. Wir sprachen über Leitungstrainings für Frauen, ihr spracht über die Absperrung. Diese Spannung war immer da. Als wir für die Kampagne »Jerusalem miteinander teilen« zusammengearbeitet haben, haben wir erkannt, dass jedes Wort und jede Entscheidung unterschiedliche Bedeutungen hatte. Wir haben diesen Dialog über Freundschaft, Interessen und Anormalität der Situation nun wirklich seit vielen Jahren geführt. Aber er begann immer und immer wieder in Varianten, in verschiedenen Tonlagen, manchmal in wütenden Briefen, manchmal in kleinen Gesten. Deine Worte enthielten immer auch die Botschaft: »Komm nicht zu nahe, du bist immer noch die Feindin.« Und meine Antwort war immer, dass du – natürlich – recht hast.

Albert Memmi nannte in seinem schönen Essay »Der Kolonisator und der Kolonisierte« Leute wie mich »Kolonialisten wider*

* Albert Memmi. *Der Kolonisator und der Kolonisierte. Zwei Portraits.* Hamburg 1994.

Willen«. Dieser lange Brief an dich handelt in der Tat von meiner Weigerung und von der Weigerung meiner israelischen Freunde, Kolonialismus zu akzeptieren. Aber er handelt auch von meiner Weigerung, immerzu als »Kolonialistin wider Willen« identifiziert zu werden.

Am 12. Juli 1987 wurde meine Tochter Gali geboren, und ich wurde Mutter. Einige Monate später begann der palästinensische Aufstand. Die Intifada erinnerte sogar diejenigen Israelis, die es nicht wissen wollten, daran, dass zwei Millionen Palästinenserinnen und Palästinenser, die unter militärischer Besatzung lebten, die Last nicht länger ertragen konnten und dass ihr für euren unabhängigen palästinensischen Staat, für eure Menschenrechte kämpftet. In den folgenden Jahren unterrichtete ich weiter an der Hebräischen Universität und half gleichzeitig, »B'Tselem« zu gründen, die israelische Menschenrechtsorganisation, die Menschenrechtsverletzungen in den palästinensischen besetzten Gebieten beobachtet. Als Forschungsleiterin dieser Organisation wollte ich, dass alle in Israel erfuhren, was unsere Regierung und Armee in den besetzten Gebieten machten. Wir glaubten, dass die Leute es wissen sollten, so dass niemand später erklären konnte, er hätte es nicht gewusst. Wir hofften, dass Wissen und Erkennen zu Gerechtigkeit führen würden. Als wir 1989 »B'Tselem« gründeten, waren Hunderte von Palästinenserinnen und Palästinensern verhaftet worden und hatten monatelang ohne Gerichtsverfahren im Gefängnis gesessen. Alle Schulen und Universitäten waren geschlossen, und täglich wurden in den Auseinandersetzungen Leute getötet. Wir dachten, dass die Dinge anders würden, wenn die Leute nur Bescheid wüssten. Wir glaubten, wenn wir nur die Information zur Verfügung stellten, würden Tausende von Israelis handeln. Manchmal funktionierte es. Als wir einen Bericht über verbotene Bücher in den besetzten Gebieten veröffentlichten und die Geschichte der Bücherei erzählten, in der Soldaten die verbotenen Bücher verbrannten, waren die Leute ausser sich. Die israelische Schriftstellervereinigung organisierte eine Veranstaltung, die diese Politik verurteilte. Die Leute waren wütend und beschämt, weil sie nicht verstanden, wie Juden Bücher verbrennen konnten.

Dennoch sahen wir uns schliesslich einer eigenartigen Situation gegenüber: »B'Tselem« war sehr erfolgreich darin, Informationen zu beschaffen, Journalisten herumzuführen, seriöse Berichte zu produzieren und Pressekonferenzen zu organisieren. Das Problem war nicht länger Unwissenheit über die Menschenrechtsverletzungen. Die Israelis wussten, was geschah. Aber wir waren weniger erfolgreich darin, tatsächlich die Politik zu verändern.

Nachdem 1993 das Osloer Abkommen unterzeichnet war, schien es, als sei nun die Zeit reif, um die Zusammenarbeit zwischen uns Palästinenserinnen und Israelinnen zu institutionalisieren. Aber noch immer gibt es keinen Frieden, auch keine Gerechtigkeit, und trotz all unserer ernsthaften Versuche zusammenzuarbeiten standen immer »die Situation«, »die Unterdrückung«, »die Besatzung« zwischen uns.

Ich habe nie über unsere Zusammenarbeit geschrieben, weil ich immer noch nicht sicher war, ob ich die Schwierigkeiten wirklich verstehe oder ob ich mich mit ihnen versöhne. Ich habe nicht über unser gemeinsames Unternehmen geschrieben, weil deine Vorbehalte, mich öffentlich »liebe Daphna« zu nennen, für mich ein Zeichen sind, dass wir nicht den richtigen Weg gewählt haben. Es ist nicht so, dass ich wüsste, welches der richtige Weg wäre, aber wenn, wie ich dir bereits geschrieben habe, israelische und palästinensische Frauen nicht zusammen essen können, dann ist das nicht meine Art, für den Frieden zu arbeiten.

Seit 1998 habe ich auf verschiedene Weise versucht, die Realität zu verändern, in der wir unterschiedliche Leben führen. Erst nach der Unterzeichnung des Osloer Abkommens haben wir zusammen den »Jerusalem Link« gegründet, und ich habe wenigstens ein paar Monate geglaubt, wir könnten, wir müssten beginnen, Brücken des Friedens zwischen euch und uns zu bauen.

Ich glaube an die Fähigkeit der Frauen, jenseits der Begrenzungen durch Nation und Staat zu kommunizieren. Aber ich glaube auch, dass wir den Weg noch nicht gefunden haben, vielleicht weil die Zeit noch nicht reif ist.

Warum entscheiden sich Israelis, in Menschenrechtsorganisationen zu arbeiten? Wie verhält sich ihr »Israelischsein« zu ihrer Arbeit? Dies sind Fragen, die wir Frauen beiseite geschoben haben, weil es immer drückendere, brennendere Themen gab, mit denen wir umgehen mussten. Ich bin froh, dass wir in diesem Dialog endlich die Fragen aufwerfen können, die wir vorher nicht berührt haben. Der Austausch ist für uns beide schwierig, aber ich hoffe, er wird zu neuem Verständnis führen.

Auch wenn wir nicht alle unsere Fragen gemeinsam beantworten können, auch wenn wir wissen, dass wir in dieser rauhen Wirklichkeit nicht Freundinnen sein können, hoffe ich, dass wir wenigstens miteinander über unsere Schwierigkeiten sprechen und die Frage einer zukünftigen Zusammenarbeit aufwerfen können – für eine Zukunft, in der es hoffentlich einen gerechten Frieden geben wird.

Mit besten Wünschen
Daphna Golan

Im April 2000 beendeten wir diesen Teil des Dialogs mit folgender Einsicht:

Wir können uns nicht leisten aufzugeben. Wir haben so viel Arbeit in diesen Dialog gesteckt, wir haben so viel übereinander gelernt, und wir dürfen nicht zum Schluss kommen, dass die Missverständnisse unsere Augen für die Möglichkeit von Frieden und Versöhnung verschliessen. Wir müssen unsere Botschaft weiterverbreiten. Wir müssen andere Wege der Kommunikation finden, um unsere Gedanken und Sorgen auszutauschen.

Als wir zusammen zu schreiben begannen, wollten wir über Konflikte schreiben, die wir aufgeschoben hatten. Wir müssen zugeben können, dass es Konflikte gibt, und sie ansprechen. Die Begegnung beginnt mit der gegenseitigen Anerkennung.

All diese Konflikte, wenn sie einmal niedergeschrieben, diskutiert, gestritten und debattiert – und vielleicht nicht gelöst sind, sind wie Stoffreste, aus denen der Flickenteppich Frieden hergestellt werden kann. Frieden wird nicht nur durch Abkommen geschaffen, die vor den Kameras im Weissen Haus unterzeichnet werden, oder durch Landkarten, die, vom Militär gezeichnet, über die Beendigung des Krieges entscheiden. Frieden ist auch das Netzwerk der Beziehungen, das Gewirr der Fäden, die Freundschaften und Missverständnisse verbinden und manchmal viele Schlingen und Knoten haben. Diese Fäden ergeben zusammen einen Stoff, der uns schützt und unserem Glauben Ausdruck gibt, dass wir hier zusammen in Frieden leben können.

Im Streit um die Grundlagen

Frauenfriedensarbeit im »Jerusalem Link«

Unsere Vision, zusammen in diesem Land in Frieden zu leben, war zahlreichen Belastungen ausgesetzt und ist es noch heute. Die anhaltende Besatzungssituation prägt die Beziehungen zu unseren israelischen Gesprächspartnerinnen und führt regelmässig dazu, dass wir einander verletzen. Es ist schwierig, diese Verletzungen nicht persönlich zu nehmen und sie nicht unseren Partnerinnen persönlich anzulasten. Aber die Gewaltverhältnisse lassen sich auch mit guten Absichten nicht einfach übergehen.

Die politischen Grundprinzipien, an unserem zweiten Brüsseler Treffen von 1992 gemeinsam festgelegt, schufen einen verbindlichen Rahmen und boten Orientierung für die Zusammenarbeit: Gleichwertigkeit und Gleichstellung unserer beiden Völker, die gegenseitige Anerkennung der nationalen Staaten Palästina und Israel wie auch die Bestätigung Jerusalems als offene Stadt, die beiden gehört und die beiden Staaten als Hauptstadt dienen soll. Diese Prinzipien boten uns Schutz vor dem Vorwurf des Verrats der eigenen Seite und damit auch eine politische Legitimation für unsere Arbeit, und sie bereiteten den Weg für Verständigung. Sie sollten zum Aufbau eines sicheren Friedens ohne Gewalt und in Gerechtigkeit beitragen. Neben den politischen Prinzipien des Dialogs haben die Friedensfrauen kommunikative Prinzipien entwickelt, die gleichsam als Geländer dienen sollten, um in den Gesprächen die verschiedenen Balancen halten zu können.

Auf der Basis dieser Prinzipien organisierte der »Jerusalem Link« Dialogtrainings für palästinensische und israelische Frauen. Eines der schwierigsten Projekte hiess »Frauen machen Frieden« (Women Making Peace).

Die Vorbereitung der Frauen auf das Zusammentreffen ging von folgenden Voraussetzungen aus: Wenn Menschen als Feinde aufwachsen und zu Angst und Misstrauen erzogen werden, wenn ihr Geschichtswissen von Ideologien bestimmt ist, die die anderen ausschliessen, dann werden sie blind. Wenn Angst gepflegt wird, um die eigene Existenz zu legitimieren, und die Identität der anderen negiert wird, um die eigene Identität zu finden, dann wird das Gespräch sinnlos. Die tiefe Angst um die eigene Existenz und die bitteren Erfahrungen der Vertreibung, des Ausgegrenztseins und der Heimatlosigkeit verhindern die Bereitschaft, die Existenz der anderen als legitim anzuerkennen. Zwei traumatisierte und von Neurosen geplagte Völker gerieten aneinander, und die Existenz des einen schien im Widerspruch zur Existenz des anderen zu stehen: Als das eine, das jüdische Volk, endlich eine Heimstatt finden konnte, verlor das andere, das palästinensische, die seine. Gewalttaten festigen und bestätigen die Politik der Feindseligkeiten. Wenn Menschen von beiden Seiten einander kennenlernen, begegnen sie einander mit Skepsis und sind geneigt, sich zu verteidigen und die anderen anzugreifen. Die Geschichtsschreibung und die Interpretation des Geschehens durch die andere Seite werden als unwahr und unvollständig empfunden.

Langsame Annäherung im Gespräch

Viele Frauen sind sehr daran interessiert, Frauen der anderen Seite kennenzulernen. Aber diese gute Absicht reicht bei weitem nicht. Nach fünfzig Jahren, in denen wir einander nur als Feindinnen gekannt haben, kann man nicht einfach zusammenkommen und sagen: »Lasst uns Frieden machen!« Jede möchte zunächst die eigene Seite verteidigen und die anderen von ihrem Unrecht überzeugen. Anschuldigungen werden geäussert, die nur zur Bestätigung der eigenen Vorurteile führen.

Wir mussten also einen längeren Weg gehen und zuerst Gesprächstrainings durchführen und ein Grundwissen in politischer Analyse vermitteln. Sechs Frauengruppen von je einem Dutzend Frauen beider Seiten wurden gebildet, um regelmässig gemeinsam über Probleme und Sorgen, Ängste und Hoffnungen zu sprechen. Sie sollten das Zuhören und Respektieren anderer Meinungen trainieren.

Es war sehr wichtig, dass die Frauen dies zuerst in der eigenen Gruppe übten. Deshalb wurde dem Projekt ein Vorbereitungsprogramm vorangestellt, um Vorurteile aufzudecken, Ängste anzusprechen und Methoden der Konfliktbewältigung zu üben. Um das Eis zwischen beiden Seiten zu brechen, war es notwendig, die Frauen zunächst in ihrer eigenen Persönlichkeit zu bestärken. Ziel war es, die Frauen überhaupt zum Sprechen zu ermutigen. Dazu wurde im Kurs die Grundhaltung vermittelt, dass jede Person das Recht hat, ihre Gefühle, Sorgen, Ängste, Hoffnungen und Visionen auszudrücken. Für die Frauen sollte die Tatsache selbstverständlich werden, dass jeder Mensch ein einzigartiges Geschöpf ist, dass er oder sie fähig ist, zu denken und wundervolle Phantasien und Visionen zu kreieren. Wenn sich aus dem gemeinsamen Denken eine ausgezeichnete Idee entwickelt, empfindet jede Beteiligte Freude über ihren Anteil daran. Die Frauen lernen ihre Fähigkeiten erkennen, und das Selbstvertrauen wächst. Eine Studentin der Volks- und Betriebswirtschaft schilderte ihre Erfahrungen so: »Ich mache zum erstenmal bei so etwas mit. Zuerst meinte ich, ich sei einem Kursus der Sozial- und Humanwissenschaften zugeteilt worden, wie es für Studentinnen üblich ist. Ich dachte immer, ich hätte in der politischen Arbeit nichts zu suchen und ich verstünde nichts davon. Ich dachte, ich könne mich nicht richtig ausdrücken und keine Ideen entwickeln. Heute weiss ich, dass ich sehr wohl gute Gedanken habe und dass ich die Freiheit habe, über mein Studienfach hinaus zu denken. Ich bin motiviert, in der Politik und in der Gesellschaft mitzuwirken, und sehe da eine neue Aufgabe für mich. Ich bin so froh, dies gelernt zu haben. Ich habe meine Schüchternheit und mein Minderwertigkeitsgefühl überwunden.«

Wir vertraten in den Kursen die Überzeugung, dass jeder Mensch das Recht hat, zu versagen, Fehler zu machen und Unsinn zu reden. Das ist menschlich, und es fordert zum Mitdenken heraus, hilft, Versagen zu verkraften und nicht zu zerbrechen, und es ermutigt zu weiteren Versuchen.

Zuhören lernen bedeutet, es nicht hinzunehmen, sondern zu ertragen, wenn ein problematisches Wort, ein verletzender Satz geäussert wird. Dann sollte jede Person gegen ihr Verletztsein ankämpfen und davon ausgehen, dass die sprechende Person diese Worte nur geäussert hat, weil sie zuwenig über die andere Seite weiss. So erlernten wir die

Fähigkeit, mit Selbstvertrauen in die Augen der anderen zu schauen und im Gespräch gelassen zu reagieren. Dann sieht man sich gegenseitig als Menschen und erkennt das Leuchten in den Augen der anderen. In die Augen schauen lernen ist eine friedliche Haltung. Wenn wir dazu fähig sind, wird es möglich, in einem grösseren Rahmen das Gespräch zu wagen. Es kommt vor, dass einige nach vielen Übungen immer noch sagen: »Ich kann nicht, ich hasse sie, ich bin so verletzt, ich habe so viel Angst, ich kann nicht vertrauen!« Dann muss die Antwort lauten: »Ja, du hast recht, es ist sehr schwer, wir verstehen, es macht nichts, vielleicht klappt es nächstes Jahr.«

Dieses Programm bereitete uns jedoch auch viele Probleme. Wir begannen uns zu fragen: Bedeutet bei dieser Verständigung das Wort »Frieden« nicht einfach dasselbe wie Hinnehmen von Unterdrückung und Besatzung? Heisst es nicht, im Interesse des Dialogs stillzuhalten, anstatt anzuklagen und zu protestieren? Die teilnehmenden Frauen waren immer wieder geneigt zu sagen: »Wir wehren uns. Wir weigern uns, mit den anderen zu sprechen.« Oder: »Es hat alles keinen Zweck!« Die Palästinenserinnen zweifelten: »Die Israelinnen wollen, dass wir Frieden schliessen, während Besatzung und Entrechtung weitergehen. Dies sei für ihre Sicherheit und Identität nötig, sagen sie als Rechtfertigung, und sie verlangen unser Einverständnis. Sollen wir die Besatzung und die Bedrohung unserer Existenz in unserer Heimat ›Frieden‹ nennen?« – »Ich habe ständig Angst, sie könnten vom Geheimdienst sein, mich und meine Familie in Gefahr bringen oder versuchen, mich in die Falle der Kollaboration hineinzuziehen.« – »Sprechen können wir miteinander, aber uns gegenseitig zu besuchen, davor fürchte ich mich.«

Ich konnte die Verletztheit, das Misstrauen und die Distanz der palästinensischen Teilnehmerinnen gegenüber den israelischen Gesprächspartnerinnen gut nachvollziehen. Die Mehrheit von ihnen gehörte politischen Organisationen an. Dass die Organisationen Frauen zu uns schickten, war eine wichtige Rückendeckung für uns. Die Gruppen waren aber immer auch ausdrücklich offen für parteilose Frauen. Die Teilnehmerinnen waren mehrheitlich erwerbstätig, zwischen zweiundzwanzig und fünfundvierzig Jahre alt, häufig verheiratet und Mütter. Wahrscheinlich hatten alle einen oder mehrere Cousins oder Freunde, die getötet oder gefoltert worden waren, aber keine hatte Brüder oder Söhne, denen das geschehen war. Frauen, die nächste Angehörige durch Aktionen des israelischen Militärs verloren hatten, würden nicht zu solchen Treffen kommen.

So wäre auch ich, als mein Sohn Anîs 1990 von israelischen Soldaten angeschossen, geschlagen, in tiefe Angst und Panik versetzt und erst nach geraumer Zeit in ein Spital gebracht wurde, nicht auf die Idee gekommen, meine israelischen Freundinnen anzurufen. Aber ein israelischer Arzt hatte schliesslich durch Vermittlung palästinensischer Ärzte mitgeholfen, dass Anîs behandelt wurde.

1993 verbrachte mein Sohn fünf Monate im Gefängnis und machte in dieser Zeit, wie viele seiner Mitgefangenen, qualvolle und traumatische Erfahrungen, erlebte die Missachtung seiner Würde und seiner Menschenrechte durch israelische Sicherheitskräfte. 1994, der Gefängnisaufenthalt lag einige Monate zurück, begleitete ich ihn nach Tel Aviv zum Flughafen; er flog nach Österreich, um zu studieren. Am Flughafen trafen wir Edna Toledano, eine israelische Gesprächspartnerin. Als ich auf sie zuging, begann Anîs zu fluchen, wollte nicht, dass ich sie begrüsste, und lehnte es ab, ihr die Hand zu geben. Als ich dennoch zu ihr hinging und sie begrüsste, rannte er weg, und auch später im Flugzeug hielt er grossen Abstand zu ihr. Edna sagte zu mir: »Ich verstehe, warum er so reagiert. Es ist für mich kein Problem, das zu akzeptieren. Es ist in Ordnung so.« Für diese einfühlsame Reaktion bin ich ihr bis heute dankbar.

In den Gesprächsrunden wurde versucht, behutsam und in aller Ruhe Vertrauen aufzubauen. Dieses Vertrauen wurde jedoch durch Missverständnisse und entgegengesetzte Interpretationen der eigenen und der anderen Geschichte und Gegenwart erschüttert, ebenso durch die unterschiedlichen Lebenserfahrungen im Besatzungssystem. Aber nicht nur die anhaltende Besatzung, auch konkrete Entscheidungen mancher unserer Bündnispartnerinnen von »Bat Schalom« hielten das Misstrauen gegenüber unserer Zusammenarbeit lebendig.

Unsere politischen Partner und Partnerinnen sahen sich immer wieder »gezwungen«, sich aus innenpolitischen Überlegungen gegen einzelne unserer Prinzipien zu stellen. So stimmten die im israelischen Kabinett vertretenen Friedensbefürworter 1992 für die Deportation von 415 Palästinensern in den Libanon, obwohl dies völkerrechtlich illegal war. Wir Palästinenserinnen waren sehr schockiert.

Eine weitere Enttäuschung war für uns zwei Jahre später die Haltung der Frauen, als die israelische Regierung wieder einmal das Orient-Haus, den Hauptsitz der Palästinenser in Ost-Jerusalem und wichtigen Schauplatz von Friedensaktivitäten, schliessen wollte. Zwar waren unsere israelischen Freundinnen sofort zur Stelle und protestierten mit uns dagegen. Einige Tage später jedoch wurde in der Knesset über die Schliessung abgestimmt. Nur eine der vier israelischen Abgeordneten, die mit uns kurz zuvor noch protestiert hatten, stimmte dagegen. Zwei stimmten dafür, eine verliess vor der Abstimmung den Saal. Dies war eine schwere Erschütterung der Glaubwürdigkeit der israelischen Partnerinnen. Wir fühlten uns ausgenutzt. Es dauerte lange, bis wir wieder bereit waren, unseren israelischen Partnerinnen Redlichkeit und ein ernsthaftes Interesse am Frieden zuzugestehen.

Die Verletzung der roten Linie

Ohne ein Minimum an politischer Verlässlichkeit auf beiden Seiten wird die Frauenfriedensarbeit sinnlos. Es ist nur möglich, gemeinsame israelisch-palästinensische Programme zu organisieren, wenn die politischen Grundprinzipien für die gemeinsame Arbeit eingehalten werden. Im »Jerusalem Link« gab es sogenannte rote Linien, die aus den Prinzipien abgeleitet waren: So waren wir alle »selbstverständlich« gegen den Bau von Siedlungen, gegen die Zerstörung von Häusern, gegen kollektive Bestrafungen – gegen alles, was nach internationalem Recht als illegal oder als Menschenrechtsverletzung gilt.

1998 beteiligten sich sechs Gesprächsgruppen von Frauen beider Seiten an einem neun Monate dauernden Programm von »Women Making Peace«. Nach einiger Zeit entdeckten wir, dass in einer Gruppe eine Siedlerin mitmachte. Ich war alarmiert und bekam grosse Angst, weil ich einen Verrat der roten Linie zugelassen hatte. In einem ernsten Gespräch machte ich der israelischen Partnerin klar, dass dies nie mehr vorkommen dürfe, andernfalls müssten wir die Programme stoppen. Mein Leben und meine Arbeit seien in Gefahr, wenn ich so etwas zuliesse. Nie würden es meine palästinensischen Kolleginnen verstehen, wenn ich mit Siedlerinnen gemeinsame Sache machte! Sie, die unser Land gestohlen hatten, deren Landbesetzungen Haupthindernisse für den Frieden waren! Die israelische Projektpartnerin zeigte Verständnis und versprach, dafür zu sorgen, dass es nicht wieder vorkam. Sie gab zu, dass die Koordinatorin diese rote Linie nicht gekannt hatte.

Ein Jahr später organisierten wir das Programm »Women Making Peace« für Gruppen von Studentinnen beider Seiten, unter ihnen eine Gruppe in Hebron. Als der Kurs bereits zur Hälfte vorbei war, bat mich Gila Svirsky, die Leiterin von »Bat Schalom«, um ein dringendes Gespräch, in dem sie mich um Verständnis bat für das folgende Geständnis: In der Gruppe von Hebron nahmen zwei Siedlerinnen teil. Gila versuchte mich zu überzeugen, dass die Zeit gekommen sei, auch Siedlerinnen miteinzubeziehen, sie seien schliesslich gute Frauen und sehr um Frieden bemüht. Ich erschrak, nicht nur weil die rote Linie erneut überschritten worden war, sondern weil Gila, von der ich überzeugt gewesen war, dass sie den Sinn der roten Linie begriffen hatte, mich nun zu überreden versuchte, meine Einwilligung zu geben. Ich war entsetzt und verzweifelt, denn es handelte sich ja nicht um eine Grenzlinie, die ich persönlich vorgeschrieben hatte, sondern um die politische Linie, die unsere

Arbeit überhaupt leitete. Schliesslich war unsere Beziehung immer noch die zwischen Besatzern und Besetzten.

Die Situation war für mich so gefährlich, dass ich die Sache nicht wie beim ersten Mal verheimlichen konnte; ich berichtete den Vorfall dem palästinensischen Vorstand des »Jerusalem Center for Women«. Dieser berief sofort eine ausserordentliche Sitzung mit dem israelischen Vorstand ein und forderte ultimativ den Ausschluss der Siedlerinnen. Nach heftigen Diskussionen und verletzenden Vorwürfen wurde dem Ausschluss zugestimmt. Wir Palästinenserinnen waren der Ansicht, dass allein dies unsere Arbeit und unseren Ruf politischer Aufrichtigkeit retten konnte. Die betroffene israelische Dialoggruppe in Hebron war empört und beschloss, das Programm abzubrechen. Wir stellten fest, dass die Grundprinzipien unserer Arbeit in der israelischen Gruppe nicht besprochen worden waren, wie es eigentlich zu Beginn hätte geschehen sollen. Deshalb verstanden die Israelinnen unsere Reaktion nicht und empfanden das Ausgrenzen der Siedlerinnen als Diskriminierung. Vor allem die israelische Koordinatorin war empört; sie sah den Sinn solcher Prinzipien nicht ein. Sie wollte die Tatsache der Besatzung ausblenden, wenn es um Friedensarbeit ging. Sie sagte, die Siedlerinnen seien konstruktiv und bemühten sich sehr, deshalb müsse man sie erst recht für die Friedensarbeit gewinnen.

Unserer Ansicht nach müssten die Siedlerinnen nicht in Gesprächsgruppen mitreden, sondern handeln, indem sie die Siedlung verlassen. Das wäre der Ausdruck von Anerkennung der Ungerechtigkeit, die den Palästinensern durch den Bau von Siedlungen angetan wird. Die Israelinnen brachen den Kurs ab und informierten die Medien über die Diskriminierung. Dieser Schlag behinderte die Dialogarbeit für Monate. Wir brauchten Zeit, um uns politisch zu rehabilitieren.

Trauer um Hagar

Hagar Roublev schaffte es schliesslich, eine neue Gruppe zu bilden und die Problematik der Siedlungen aus den verschiedensten Blickwinkeln anzusprechen. Hagar war Mitbegründerin der israelischen »Frauen in Schwarz«, die mit Mahnwachen gegen die Besatzung demonstrierten, und langjährige Aktivistin von »Bat Schalom«. Sie war einzigartig in ihrer Suche nach Wahrheit und Gerechtigkeit. Sie nannte die Dinge beim Namen. Sie war an vielen Orten sehr aktiv und organisierte beispielhafte Protestaktionen. Als der Kurs zu Ende war, wollte sie in Urlaub fahren. Am Tag davor kam sie zu einem letzten Evaluierungsgespräch. Hagar war mit uns sehr glücklich, dass sie es mit der neuen Gruppe geschafft hatte. Sie war voller Leben und entschlossen, nach dem Urlaub eine weitere Dialoggruppe zu beginnen. Doch wenige Tage später, im August 1999, starb sie im Urlaub an Herzversagen; sie war fünfundvierzig Jahre alt. Wir alle trauerten um Hagar, und zum erstenmal trauerten wir gemeinsam und empfanden denselben tiefen Schmerz des Verlustes.

Am 8. März 2000 hätte ich beim Treffen des »Global Fund for Women«* in San Francisco die Hauptrede zum

* Internationales Netzwerk zur ökonomischen Unterstützung von Frauenorganisationen mit den Schwerpunkten Frauenrechte und Gewalt gegen Frauen. Sumaya Farhat-Naser gehört dem Vorstand an.

Internationalen Frauentag halten sollen. Der Kern der Rede war meine Trauer um Hagar. Da ich keine Ausreisegenehmigung erhielt, gab ich meine Rede schriftlich ab:

An diesem besonderen Tag möchte ich an die Vision von Hagar Roublev erinnern und ihrer gedenken als einer tapferen Kämpferin für den Frieden. Wir Palästinenserinnen, im besonderen die Mitarbeiterinnen und der Vorstand des »Jerusalem Center for Women«, wir alle haben Hagar geliebt. Hagar war wahrhaftig und vertrauenswürdig, dem Kampf für Gerechtigkeit, Wahrheit und Frieden zutiefst verpflichtet. Immer wenn wir wegen einer besonders brutalen Tat des israelischen Militärs oder einer aussergewöhnlich provozierenden Bemerkung eines israelischen Politikers der äussersten Rechten empört waren, waren wir versucht, alle Israelis für schlechte Menschen zu halten. »Ja, alle Israelis verzerren die Wahrheit, keinem kann man trauen«, wollten wir sagen. Aber dann erinnerten wir uns an die Existenz einer Frau namens Hagar und hielten ein.

Hagar war aussergewöhnlich. Sie zeigte uns, wie wir unseren Geist offenhalten können, um Unterschiede zu respektieren und neue Möglichkeiten zu suchen.

Eines Tages im letzten Sommer erlitt Hagar völlig überraschend einen Herzinfarkt und starb. Es war ein furchtbarer Schock für uns alle, Palästinenserinnen genauso wie Israelinnen. Ich war sehr verwirrt, weil ich nicht wusste, wie ich mich verhalten sollte. Ich hatte niemals zuvor den Tod einer jüdisch-israelischen Person als so schwerwiegenden Verlust empfunden. Die Beziehung zwischen Hagar und mir war noch jung, nur wenige Jahre alt. Zum erstenmal war ich in der Auseinandersetzung mit dem Tod in einem wirklichen Dilemma. Ich wusste nicht einmal, ob ich zu ihrer Be-

erdigung gehen durfte; als Repräsentantin des »Jerusalem Center for Women« musste ich mich mit meinem Vorstand absprechen. Der Vorstand schlug mir vor, einen Beileidsbrief an Hagars Familie zu schreiben. Dies tat ich natürlich, aber ich hatte das Bedürfnis und den Wunsch, mehr für Hagar zu tun. Ich beriet mich mit meinem Mann. Er sagte: »Es ist sehr gefährlich, zur Beerdigung zu gehen. Tu es nicht ohne politischen Rückhalt.« Darauf rief ich Hanân Aschrâwi an, eine der Gründerinnen des »Jerusalem Link«, und fragte sie, ob ich diesen Schritt wagen könnte. Hanân gab mir einen guten Rat. Sie sagte: »Tu das, was du als richtig empfindest.«

Mir wurde klar, dass es in meiner Verantwortung lag, dieses menschliche Zeichen zu geben, und ich beschloss, in Begleitung zweier Kolleginnen vom »Jerusalem Center for Women« zur Beerdigung zu gehen. Die Beerdigung, die in einem Kibbuz im Norden von Israel stattfand, erinnerte mich an eine Friedensdemonstration. Hunderte von Frauen und Männern, die ihr Leben mit grossem Einsatz dem Frieden gewidmet hatten, waren anwesend. Ich kannte viele von ihnen, obgleich ich sie seit einigen Jahren nicht mehr gesehen hatte. Wir sahen uns an und lächelten, während uns die Tränen übers Gesicht liefen. Wir teilten Ängste, Schmerz, Verlust und ebenso das wundervolle Gefühl, miteinander verbunden zu sein.

Zum erstenmal in meinem Leben empfand ich die Kraft geteilten Kummers. Es ist leichter, Freude zu teilen, aber Kummer zu teilen bringt die Menschen einander näher. Ich glaube, dies gilt besonders für die, die als Feinde gelten. Es war ein Geschenk von Hagar an mich. An uns alle.

Hagar war eine säkulare Jüdin und hätte sich kein Begräbnis mit religiösen Ritualen gewünscht. Ihre Mutter wollte jedoch, dass am Grab gebetet würde. Jemand begann auf hebräisch zu beten.

Eine zweite Person antwortete. Eine nette Frau neben mir übersetzte mir ihre Worte: »Gott, gib Israel Frieden!« Als dieser Satz gesprochen wurde, fügte Hagars Vater eine eigene Zeile zum Gebet hinzu: »Gott, gib Israel und seinen Nachbarn Frieden.« Diese kleine Geste von Hagars Vater überwältigte mich. Die Unterstützung und Anerkennung, die er mir gab, die er uns allen gab, in einer Zeit tiefen Kummers, werde ich nie vergessen.

Die Verbreitung meiner Rede über Internet hatte zur Folge, dass von überall Hunderte von Solidaritätsbriefen kamen, mehrheitlich von Jüdinnen und Juden in Israel und den USA. Es war für mich aussergewöhnlich, von so vielen jüdischen Menschen angesprochen zu werden, so liebevoll und verständnisvoll, so ermutigend und voller Anteilnahme. Ich erkannte, dass es möglich geworden war, es als positiv zu empfinden, wenn man mit Feinden kommunizierte oder sich gar gegenseitig Gefühle des Respekts und der Anerkennung zeigte. Und es war möglich geworden, stolz und ohne Angst darüber zu sprechen. Früher hatte man es verheimlicht und ein schlechtes Gewissen verspürt.

Viele drückten ihr Erstaunen und auch ihre Freude darüber aus, dass es uns Friedensfrauen gab und dass auch Palästinenserinnen beteiligt waren. Von den Palästinenserinnen hört man kaum etwas, da sie nicht geübt sind in der Verbreitung ihrer Botschaft und auch nicht entsprechend ausgestattet. Ausserdem sind sie mit den Mühen des Überlebens unter der Besatzung so sehr belastet, dass Öffentlichkeitsarbeit und internationale Medienarbeit eine untergeordnete Rolle spielen. Ich erkannte die Notwendigkeit, gerade diese Menschen anzusprechen und miteinzubeziehen.

Offener Streit und grössere Nähe
Prüfungen und Entscheidungen

Unsere Friedensarbeit vor Ort bestand aus alltäglichen Auseinandersetzungen mit unseren Konflikten, aus kleinen, unspektakulären Schritten.

Daphna und ich konnten in unserem schriftlichen Dialog aus Distanz vieles diskutieren. Zwischen den Leitungsgremien von »Bat Schalom« und »Jerusalem Center for Women« blieben jedoch die meisten Fragen unausgesprochen.

Als Gila Svirsky die Leitung von »Bat Schalom« übernahm, war ich erleichtert, weil ich hoffte, eine neue Kollegin mit einem neuen Stil kennenzulernen, der mir vielleicht besser entsprechen würde. Wir begegneten uns mit Respekt und sprachen von Anfang an ehrlich und offen miteinander. 1998 machte ich eine überaus positive Erfahrung in der Zusammenarbeit mit ihr, die mich in meinen Erwartungen an die Zusammenarbeit mit den israelischen Friedensfrauen bestärkte. Ich erfuhr, wie die Solidarität und die Zivilcourage meiner israelischen Partnerinnen Türen öffnen konnten, die der politischen Logik zufolge eigentlich fest verschlossen waren.

Besuch in der Knesset

Eine Palästinenserin, die im Zusammenhang mit einem Waffentransport für die »Hamas« verhaftet und im Rahmen einer Amnestie entlassen worden war, wurde zwei Monate später an einem Checkpoint erneut festgenommen.

Sie begann einen Hungerstreik, erhielt aber auch nach vier Wochen im Gefängnis nicht diejenigen Hilfeleistungen, die nach internationalen Konventionen Menschen im Hungerstreik zustehen. Die palästinensische Frauenbewegung organisierte daraufhin eine Solidaritätsdemonstration, um die Einhaltung der Menschenrechte zu fordern. Ich erhielt Anrufe von verschiedenen Leuten, die wissen wollten, ob die israelischen Frauen, die mit uns zusammen für Frieden arbeiteten, wohl bereit wären, an der Demonstration vor dem Checkpoint teilzunehmen. Dies wäre eine Prüfung, mit der ihr tatsächliches Engagement für Menschenrechte beurteilt werden würde. Der Mann der gefangenen »Hamas«-Frau sass wegen einer bewaffneten Aktion gegen die Besatzung ebenfalls im Gefängnis. Für die einen war er ein Held, für die anderen ein Terrorist.

Ich wusste, wie schwer Israelis zur Teilnahme an einer solchen Protestaktion zu bewegen sein würden. Ich rief Gila an, und ihre Antwort war klar: Die Teilnahme von Israelinnen sei unmöglich, andernfalls würden sie von ihrer eigenen Seite als Personen verschrien, die mit Gewalttätern solidarisch seien. Ich diskutierte die Sache mit ihr, und wir beschlossen, Rat zu suchen. Ich rief die israelische Parlamentarierin Naomi Chazan an, eine der wichtigsten Personen im Vorstand von »Bat Schalom«, und bat sie dringend um ein Treffen. Sie sagte sofort zu, allerdings sei sie den ganzen Tag im Parlament, in der Knesset. Ich sagte, ich würde versuchen, mit Gila dorthin zu kommen. So fuhr ich in Begleitung von Gila nach West-Jerusalem und schaute mich neugierig um, als wäre ich in einem anderen Land. Am Eingang zur Knesset schlug mein Herz schneller, und ich hatte Angst. Die Sicherheitskontrollen verliefen problemlos. Dann verlangte der Beamte am Schalter unsere Ausweise. Er schaute meinen Ausweis an und fragte: »Was wollen Sie hier?« – »Ich möchte zu Frau Chazan, Mitglied der Knesset.« – »Wo ist Ihre Genehmigung?« fragte er, und ich antwortete, ich hätte keine. Gila sagte: »Sie ist meine Freundin und Kollegin, sie ist eine Friedensfrau. Wir beide arbeiten auch mit Naomi Chazan zusammen.« Der Mann wiederholte, er brauche aber eine Genehmigung, so seien die Vorschriften. Es sei sehr dringend, sagte Gila, und wir hätten nicht genug Zeit gehabt, um eine Genehmigung zu beantragen. Er forderte mich auf, mir zu überlegen, ob ich wirklich keine einzige Genehmigung gleich welcher Art bei mir hätte. Ich zeigte ihm eine, die ich zwei Wochen zuvor gebraucht hatte, als ich ins Ausland reiste; sie hatte für einige Stunden und für den Weg von meinem Haus zum Flughafen Gültigkeit gehabt. Er schaute sie an und sagte: »Jawohl, das ist eine Genehmigung, Sie dürfen hinein!« Wir freuten uns und bedankten uns lächelnd, und er erwiderte das Lächeln.

Im Büro von Naomi diskutierten wir das Problem mehr als zwei Stunden lang und zeigten gegenseitig Verständnis für die Sensibilität und Komplexität der Angelegenheit. Schliesslich befanden wir, wir müssten diese Prüfung bestehen, damit unsere Zusammenarbeit weitergehen konnte. Während wir redeten, hörten wir die Direktübertragung der Sitzung über Funk. Ab und zu entschuldigte sich Naomi Chazan und eilte zum Sitzungssaal, um Stellung zu nehmen oder ihre Stimme abzugeben. Am Schluss unseres Gesprächs einigten wir uns darauf, dass eine Beteiligung der israelischen Frauen als Zeichen prinzipieller Solidarität hinsichtlich der Menschenrechte sehr wichtig sei und auch als solches Zeichen verstanden werden müsse. Drei oder vier Frauen wären genug, um diese Botschaft zu vermitteln.

Anschliessend nahm Naomi Gila und mich mit in die Knesset und führte uns zu einer Loge für Besucher, die durch eine Glaswand vom Sitzungssaal abgetrennt war. Ich war sehr gerührt und freute mich, so etwas zu erleben, auch wenn ich voller Angst war und unsicher, ob dieser Besuch politisch vertretbar war oder nicht. Ich entschied, ihn als persönliche Angelegenheit zu verstehen. Ich begann von einer Zeit zu träumen, da ein solches Parlament mit all seinen Möglichkeiten und Befugnissen auch in Palästina verwirklicht sein würde. Danach verliess ich die Loge und besichtigte die Gemälde, die in den Hallen des Gebäudes ausgestellt waren. Ich wollte alles sehen, denn dies war meine Gelegenheit. Als ich mich etwas vom Hauptraum entfernt hatte, sprachen mich zwei Sicherheitsbeamte an. Sie sprachen hebräisch, ich verstand nichts und geriet in Panik. »Gila! Gila!« rief ich. Sie kam sofort, lenkte die beiden ab, nahm mich an der Hand, und wir gingen zusammen hinaus. Am nächsten Tag kamen vier israelische Frauen. Sie standen gemeinsam mit uns am Checkpoint und demonstrierten mit der palästinensischen Frauenbewegung für Menschenrechte.

Wachsender Druck

Die Situation bei den Friedensverhandlungen verschlechterte sich permanent; die Ergebnisse entfernten sich von unseren wichtigsten Bedingungen für einen Frieden. Die

Frustration unter den Palästinensern wuchs. Die Verhandlungen über die Kernthemen Jerusalem, Flüchtlinge, Siedlungen und Grenzen, die sogenannten »Final Status Talks«, schienen auf eine unbestimmte Zeit verschoben zu sein. Während die Palästinenser und Palästinenserinnen auf der Strasse verlangten, dass diese entscheidenden Punkte endlich diskutiert würden, ansonsten die Verhandlungen abzubrechen seien, musste sich die palästinensische Delegation statt dessen mit längst fälligen Truppenabzügen der Israelis und mit Sicherheitsmassnahmen herumschlagen. Die Palästinenser hätten die Bereitschaft, endlich über die umstrittenen Fragen zu debattieren, als Beweis gesehen für die ernsthafte Absicht der israelischen Seite, wirklich Frieden zu wollen und dafür Kompromisse einzugehen.

Der Druck auf die aktiven Frauen des »Jerusalem Center for Women« nahm zu. Es wurde schwierig, den Sinn von Dialogen mit Israelinnen zu vermitteln. Deshalb forderten wir eine Überarbeitung der Jerusalem-Link-Deklaration, die beiden Frauenorganisationen des »Jerusalem Link« bis anhin, vor allem nach aussen hin, als gemeinsames Bekenntnis der politischen Grundsätze gedient hatte.

In der Jerusalem-Link-Deklaration, die wir 1996 ausgearbeitet hatten,* anerkannten wir das Selbstbestimmungsrecht der Palästinenser durch die Schaffung eines palästinensischen Staates. Wir bekräftigten, dass Jerusalem als zwei Hauptstädte für zwei Staaten dienen soll. Wir forderten die sofortige Umsetzung der Osloer Verträge auf der Basis der UNO-Resolutionen 242 und 338**. Die Resolution 242

* Siehe Anhang, S. 242.
** Siehe Anhang, S. 245f.

war sechs Monate nach dem Krieg von 1967 erlassen worden und verlangte den Rückzug der israelischen Armee aus den soeben besetzten Gebieten sowie die Einstellung jeglicher kriegerischer Aktivitäten. Sie wiederholte aber auch die Notwendigkeit, »eine gerechte Regelung des Flüchtlingsproblems« zu verwirklichen. Nach dem Jom-Kippur-Krieg von 1973 bestätigte die Resolution 338 nochmals die Forderungen der Resolution 242. In der Deklaration verurteilten wir im weiteren den Siedlungsbau und forderten auch hier die Einhaltung internationaler Konventionen. Wir forderten auch den Einbezug der Frauen in den Friedensprozess und verurteilten die Anwendung von Gewalt.

Im Entwurf zur neuen Deklaration* verurteilten wir die Siedlungen als Hindernis für den Friedensprozess noch deutlicher und erwähnten beim Bezug auf die UNO-Resolutionen auch die Resolution 194, welche das Rückkehrrecht der palästinensischen Flüchtlinge garantiert.

Es war nicht einfach, die Frauen von »Bat Schalom« dazu zu bewegen, die Prinzipien neu zu besprechen und sie an den Verlauf des Friedensprozesses anzupassen. Sie wussten, dass es Probleme geben würde, weil sie sich mit der Deklaration nie wirklich auseinandergesetzt hatten. Zuvor waren wir um des Konsenses willen bei allgemeinen Formulierungen geblieben. Sobald wir aber Einzelheiten ansprachen, kamen die Differenzen an die Oberfläche. Genauso lief es auch bei den offiziellen Verhandlungen zwischen der palästinensischen und der israelischen Delegation. Man unterschrieb das Allgemeine, doch eine Konkretisierung der Einzelheiten war nicht möglich.

* Siehe Anhang, S. 243f.

Selbst Gila Svirsky, die Leiterin von »Bat Schalom«, war erstaunt darüber, dass wir Palästinenserinnen neue, konkretere Prinzipien forderten. Sie schrieb mir später, dass sie die bisherige Jerusalem-Link-Deklaration sehr schätzte, weil sie »eine breite, generelle Vision dessen zum Ausdruck bringt, was Frieden sein sollte«. Doch uns Palästinenserinnen ging es nicht um eine Vision. Wir wollten – gemeinsam – die Rechtmässigkeit der palästinensischen Forderungen unterstreichen und deren rechtliche Basis, nämlich die Osloer Verträge und die UNO-Resolutionen, als Grundlage der Friedensarbeit festhalten. Wir wollten den verhandelnden Männern beider Seiten durch unser Beispiel zeigen, dass es möglich war, die heiklen Themen miteinander zu besprechen. Bereits in der Jerusalem-Frage hatten wir mit der »Jerusalem miteinander teilen«-Kampagne eine Pionierinnenrolle übernommen. Dies wollten wir nun wieder tun. Die Überarbeitung der Deklaration war für uns auch eine Form des Selbstschutzes in unserer Gesellschaft. Mit ihr sollte ein Anfang gemacht werden, um die Diskussion über die aufgeschobenen Themen endlich zu beginnen. Wir waren nämlich überzeugt, dass das Ausklammern dieser Themen die Schwäche der Osloer Vereinbarungen ausmachte.

An einem Treffen im August 1999 gingen die Vorstandsfrauen des »Jerusalem Link« die Forderungen von uns Palästinenserinnen Punkt für Punkt durch, und für Gila war rasch klar, dass sie unsere Vorschläge nicht unterstützen konnte. Sie waren ihr zu extrem, sie lehnte sie ab.

Gila Svirskys Rücktritt

Doch Gila Svirsky war mit ihrer Meinung im »Jerusalem Link« in der Minderheit. Die anderen Israelinnen waren in einer euphorischen Stimmung und mochten nicht lange debattieren. Im Mai 1999 war Ehud Barak von der Arbeitspartei zum neuen Ministerpräsidenten gewählt worden. Neue Hoffnungen auf ein Wiederaufblühen des Friedensprozesses nach drei Jahren unter Benjamin Netanjahu veranlasste die Vorstandsfrauen von »Bat Schalom«, mit einem raschen Durchbruch der Friedensverhandlungen zu rechnen.

Als die neuen Prinzipien dann der breiteren Basis von »Bat Schalom« vorgestellt wurden, war die Lage bereits wieder anders, nicht nur wegen der Ernüchterung, die sich mittlerweile über Baraks Kurs eingestellt hatte. Es zeigte sich, dass auch andere Israelinnen nicht mit der neuen Jerusalem-Link-Deklaration leben konnten. Viele Mitglieder von »Bat Schalom« traten deshalb zurück – auch Gila.

Ich war sehr überrascht, dass unsere Forderungen einen solchen Aufruhr in »Bat Schalom« verursacht hatten und dass Gila deswegen zurücktrat. Ich hatte erwartet, dass sie uns verstehen würde. Wie konnte sie so lange mit uns zusammenarbeiten, ohne die Visionen über unsere Rechte mit uns zu teilen? Wie kann überhaupt jemand gegen die UNO-Resolutionen sein? Leider gab es keinen Raum, um solche Fragen auszudiskutieren. Wir Palästinenserinnen waren nicht bereit, Formulierungen zu opfern, die für uns von zentraler Bedeutung waren. Wir gerieten in eine Sackgasse.

Mit Gila konnte ich erst einige Zeit später über ihren Rücktritt und unsere Uneinigkeit sprechen. Wir trafen uns im November 1999 in Jerusalem zu einem gemeinsamen

Interview für ein Buch, das von Frauendialogen in Kriegsgebieten handelt.*

Gila drückte unsere Uneinigkeit folgendermassen aus:

Beide Seiten wussten, dass wir Stellung dazu beziehen mussten, wie das Problem der Millionen palästinensischer Flüchtlinge zu lösen sei, die bis zum Krieg von 1948 in Gebieten gelebt hatten, die heute israelisch sind. Die palästinensische Seite schlug einen Wortlaut vor, der den folgenden Satz beinhaltete: »Diese Lösung muss dem Rückkehrrecht der palästinensischen Flüchtlinge in Übereinstimmung mit der UNO-Resolution 194 Rechnung tragen.« (...) Meiner Meinung nach ist diese Resolution, die 1948, also vor 51 Jahren, verfasst wurde, heute überholt. Sie würde palästinensischen Flüchtlingen das Recht geben, in ihre ehemaligen Häuser zurückzukehren, dabei israelische Familien zu vertreiben und ein Unrecht durch ein anderes zu vergrössern. Sogar mein sehr zurückhaltender Vorschlag, »im Geist der UNO-Resolution 194« zu schreiben statt »in Übereinstimmung« mit ihr, wurde zurückgewiesen. Die israelischen Frauen standen nicht für diese Überarbeitung ein, obwohl viele »Bat Schalom«-Mitglieder auch nicht mit dem jetzigen Wortlaut leben können. (...) Ich hoffe, dass wir nach dieser turbulenten Phase wieder vermehrt zu den Inhalten finden, in einer offenen Diskussion darüber, welches die Probleme sind und welche Lösungen für beide Seiten zumutbar sind. (...) Die Friedensverhandlungen über den endgültigen Zustand beginnen jetzt, und ich will nicht, dass die israelische Frauenfriedensbewegung mit nicht nachvollziehbaren, 52 Jahre alten Positionen an die is-

* Vollständig veröffentlicht unter dem Titel: »Dialogue in the War Zone. Israeli and Palestinian Women for Peace«. By Sumaya Farhat-Naser and Gila Svirsky. In: Susan Perry and Celeste Schenck (eds.). *Eye to Eye. Women Practising Development Across Cultures.* London 2001.

raelischen Politiker herantritt, sondern mit brauchbaren, vernünftigen Vorschlägen zur Lösung der strittigen Themen.

Dem hielt ich entgegen:

Wir benötigen einen sehr klaren Rahmen für unsere Zusammenarbeit. Wir sind der Überzeugung, dass unsere Legitimation unter anderem auf den Abkommen von Oslo und den UNO-Resolutionen beruht. Wir müssen uns genau darauf beziehen, damit unsere Rechte ernst genommen werden. (...) Warum sollten wir Zugeständnisse machen, bevor wir zu verhandeln beginnen? In jeder Verhandlung müssen beide Seiten Kompromisse machen. Wieso sollten wir im »Jerusalem Link« mit einem Kompromiss beginnen, der die israelische Seite begünstigt? Das war unsere Sichtweise. Die Überarbeitung unserer Deklaration war ein Selbstschutz, eine Selbstverteidigung innerhalb unserer Gesellschaft, aber ebenso ein Einstieg in eine Diskussion, von der wir hofften, dass sie nun endlich begänne. Wir wollten die konkreten Fragen einschliessen – die Flüchtlinge, die Siedlungen, Jerusalem. (...) Wir spürten, dass wir in den vorgesehenen Vereinbarungen nicht einmal einen kleinen Teil unserer Rechte zugesprochen bekämen. (...) Dies machte die unmittelbare und entscheidende Notwendigkeit einer Überarbeitung unserer gemeinsamen Prinzipien deutlich.

Es zeigte sich, dass Gila in erster Linie über das Vorgehen der »Bat Schalom«-Frauen enttäuscht war, die zu den neuen Prinzipien ja gesagt hatten und ihr Missbehagen nur untereinander, nicht aber gegenüber den Palästinenserinnen zu formulieren wagten. Gila erklärte: »Diesmal wurde über ein heisses Thema gesprochen, aber in einer ultimativen Form. Die Palästinenserinnen sagten, sie brauchten die neuen Prinzipien unbedingt, und die Israelinnen konnten es sich als die Besatzerinnen nicht erlauben, diese abzulehnen.« Es tat sich ein Problem der Ungleichheit zwischen unseren beiden Gruppen auf, wie Gila aufzeigte: »Wir erlaubten es uns nicht, Gegenvorschläge zu machen. In den amerikanischen Debatten über Rassenbeziehungen wird dies die ›weisse Schuld‹ genannt.«

Ende Januar 2000 fand Gila die Zeit, mir ihre Ablehnung der neuen Deklaration in einem Brief zu erklären:

Die neuen Prinzipien mögen ja für die palästinensische Seite des »Jerusalem Link« angemessen sein. Einige davon werden meines Erachtens der israelischen Seite nicht gerecht. Sie würden »Bat Schalom« selbst von den fortschrittlichsten Elementen der israelischen Seite entfremden. Sie würden »Bat Schaloms« Möglichkeiten schwächen, Einfluss auf die öffentliche Meinung in Israel zu nehmen.

Gila war der Meinung, dass einige dieser neuen Prinzipien uns auf alte Konflikte zurückwürfen, anstatt uns zu neuen, kreativen Lösungen zu führen, die den alten Schmerz heilen könnten. Sie kritisierte vor allem drei Punkte, die ihrer Meinung nach veraltete Positionen vertraten.

So hielt sie die Forderung nach der Errichtung eines palästinensischen Staates neben Israel entlang der Grenzen von Juni 1967 für unrealistisch, wenn nicht anerkannt würde, dass allfällige Anpassungen unvermeidbar seien.

Sie kritisierte insbesondere auch weiterhin die Forderung nach der Umsetzung der UNO-Resolution 194, die das Rückkehrrecht der palästinensischen Flüchtlinge nicht nur ins heutige Israel, sondern eben auch in ihre Häuser garantierte.

Schliesslich wehrte Gila sich überhaupt gegen den palästinensischen Anspruch, dass sämtliche die Palästinafrage betreffenden UNO-Resolutionen erfüllt werden müssten. Sie meinte, dass es absurd sei, sich auf über zweitausend Seiten Resolutionen zu berufen, ohne diese gründlich auf ihre Anwendbarkeit auf die heutige Situation zu überprüfen. »Tatsächlich schüren viele dieser Resolutionen die Wut und die Entzweiung, statt konstruktive Lösungen anzubieten«, schrieb Gila. Die bisherige Referenz nur auf die Resolutionen 242 und 338, welche immer noch die Kernresolutionen seien, habe keine solchen Wunden aufgerissen.

Briefwechsel mit Gila

In meiner Antwort versuchte ich Gila zu erklären, dass die UNO-Resolutionen die einzigen legalen Dokumente seien, die wir Palästinenser zum Schutz unserer Rechte hätten. Ich erinnerte Gila daran, dass zuerst Verantwortung übernommen und Schuld eingestanden werden müsse, bevor überhaupt Kompromisse eingegangen werden könnten. Ich schrieb ihr:

Ich verstehe ja, dass du nicht willst, dass Israelis aus ihren Häusern vertrieben werden, damit die Palästinenser dorthin zurückkehren können. Aber gebt doch zuerst einmal zu, dass es Unrecht war, die Palästinenser aus ihrem Heim zu vertreiben, und anerkennt die Rechte der palästinensischen Flüchtlinge! Dann können wir über Lösungsmöglichkeiten sprechen. Mein Volk braucht diese Anerkennung. Wir sind darauf angewiesen, dass deutlich wird, dass wir dieselben Werte haben: keine israelischen Flüchtlinge, keine palästinensischen Flüchtlinge. Ich erzählte Gila, wie wichtig es für uns Palästinenser gewesen sei, als der israelische Forscher Teddy Katz 1999 bestätigte, dass es 1948 im Dorf Tantûra ein Massaker gegeben hatte, bei dem zweihundert

Palästinenser von einer jüdischen Terrororganisation getötet worden waren und das Dorf zerstört worden war. Endlich bestätigte einmal ein Israeli, dass uns Unrecht geschehen war!

Gila hielt an ihren Einwänden fest, versicherte mich jedoch ihrer Wertschätzung und ihres Verständnisses für meine Position. Auch als wir dann beide nicht mehr Leiterinnen der Zentren waren, versprachen wir einander, das Gespräch fortzusetzen, denn wir erkannten die Bedeutung und Effizienz dieser Art des Dialogs und der Auseinandersetzung. Wir sind uns dadurch viel näher gekommen. Mit Gila machte ich dieselbe Erfahrung wie mit Daphna: Ohne in die Organisation eingebunden zu sein, können wir viel freier miteinander sprechen, mehr Respekt und Verständnis zeigen.

Am 28. August 2001 schrieb ich Gila einen weiteren Brief. Ich liess sie wissen, dass ich ihre Ängste wegen des Rückkehrrechts verstand. Ich verstand auch, wie wichtig es ihr war, dass ihr Staat eine jüdische Identität bewahren konnte nach all den Verfolgungen und Vertreibungen, die das jüdische Volk hatte erdulden müssen.

Ich verstehe die Freude und das Sicherheitsgefühl, das die jüdische Identität Israels in dir hervorruft. Ich verstehe es, weil dies an die Dinge rührt, die mir und meinem Volk nicht zugestanden werden. Aber ich muss auch gestehen, dass ich Angst bekommen habe, als ich realisierte, was dieses Verständnis für mich bedeutet. Nehmen wir einmal an, ich würde der Logik deiner Argumentation zur jüdischen Identität zustimmen: Heisst das, dass Israel nur einen bestimmten Prozentsatz an nichtjüdischen Bürgern akzeptieren kann, um als jüdischer Staat zu überleben? Widerspricht das Konzept des Überlebens als jüdischer Staat nicht der Existenz anderer Bürger, vor allem derjenigen, die das gleiche Recht auf das Land haben? Auch die nichtjüdische Bevölkerung nimmt wegen des natürlichen Bevölkerungswachstums ständig zu. Muss Israel weitere Massnahmen ergreifen, um diesen Überschuss an Palästinensern loszuwerden?

Für mich war klar, dass Diskriminierung und Apartheid seit über fünfzig Jahren Teil der israelischen »Demokratie« waren.

Was ist mit der jüdischen Identität in Jerusalem, was in Hebron? Muss Israel denn auf ewig ein Besatzer bleiben, um sich selbst zu schützen?

Mit einer Zweistaatenlösung wird es möglich sein, dass jede Seite ihre Identität findet und jeder in seinem Staat sicher ist, sofern die Siedlungspraxis aufhört. Das Denken in demographischen Kategorien ist diskriminierend, doch wenn die eine Seite es tut, müsste die andere es auch in Betracht ziehen, um zu überleben.

Ist es die Konsequenz dieser demographischen Kategorien, dass die Minderheit der Siedler im besetzten palästinensischen Land zur Mehrheit werden muss, ohne Rücksicht auf diejenigen, die die Kosten dafür tragen? Könntet ihr Israelis damit leben? Das Konzept stützt sich auf Israels derzeitige Machtposition. Könntet ihr garantieren, dass Israel für immer der Stärkere bleibt? Können wir nicht aus der Geschichte lernen, dass viele mächtige Reiche gefallen sind? Wenn ihr einmal ethnische Zugehörigkeit als Grundlage akzeptiert, die das Recht auf Existenz und Leben garantiert oder entzieht, ist es wahrscheinlich, dass diese »Norm« auch innerhalb der eigenen Gesellschaft angewandt werden wird. Wird Diskriminierung und Einschränkung einmal gerechtfertigt, kann sie auch auf marginalisierte Gruppen oder die Opposition im Land angewendet werden. Noch mehr fürchte ich, dass diese rassistische Logik für die Politik meiner Gesellschaft und der gesamten Region bestimmend werden könnte, wodurch eure Existenz ebenso wie unsere in Frage gestellt wäre.

Wenn ihr die Enteignung und Vertreibung des palästinensischen Volkes aus Palästina anerkennt, Unrecht und Schuld annehmt, dann steht der Weg zur Versöhnung offen. Das Recht auf Rückkehr könnte bedeuten, dass Tausende von Palästinensern, die Familie in Israel haben oder die ein tiefes inneres Bedürfnis haben, ins ehemalige Palästina zurückzukehren, diese Möglichkeit erhalten. Das Recht auf Rückkehr abzulehnen oder auf eurer Interpretation zu beharren sabotiert die Hoffnung, dass wir eines Tages eine Lösung finden werden. Ich weiss, diese Krise hat ihre Ursache darin, dass weder wir als Friedensaktivistinnen noch unsere Repräsentanten sich die nötige Zeit für diese Frage nahmen und die Ideologie der Landnahme, der Landkontrolle und ihrer Zukunft beiseite liessen. Dies ist der tiefere Grund für das Scheitern der Verhandlungen. Ausserdem komplizieren der fortgesetzte Ausbau der Siedlungen und die fortgesetzten Veränderungen von Geographie und Demographie die Situation und lassen gar jeden Vorstoss für Frieden unmöglich erscheinen.

Warum kann Israel die palästinensischen Flüchtlinge, die zu ihren Familien und in ihre Heimat zurückkehren möchten, nicht aufnehmen und integrieren, wenn es doch mit mehr als einer Million Juden und Jüdinnen möglich war, die in den letzten Jahren aus der ganzen Welt eingewandert sind? *Du würdest argumentieren,* schrieb ich Gila, *dass die Palästinenser gar nicht in der ihnen fremden jüdischen, israelischen Kultur leben möchten, sondern viel lieber in einer palästinensischen Kultur.*

Gerade deshalb ist die Frage der Kompensation so wichtig. Noch wichtiger aber ist, dass die Palästinenser das Recht haben zu wählen. Die meisten werden in der Diaspora bleiben, wie die Juden auch. Aber denen, die nach Israel zurückkehren wollen, sollte dies möglich sein. Nie soll ein Staat dem Volk sagen dürfen, dass es im eigenen Land keinen Platz hat.

Im Dezember 2001 hat Gila meinen Brief schliesslich mit einer persönlichen politischen Vision beantwortet, in welcher sie über praktikable Lösungen der beiden zentralen Fragen unseres Briefwechsel nachdenkt: über die Frage, ob Israels jüdische Identität auf Kosten der Demokratie gehen muss, und über die Frage des Rechtes der palästinensischen Flüchtlinge auf Rückkehr. Sie schreibt:

Ich habe viele Verwandte im Holocaust verloren. Auf der mütterlichen Seite verlor ich meine Grosseltern, Tanten, Onkel und Cousins. Die einzigen, die den Krieg überlebten, waren eine Tante, die nie darüber sprach, wie sie es geschafft hatte zu überleben, und meine Mutter. Wie ihr das gelang? Sie verliess Europa 1935 und gelangte nach Palästina (...). Die Einreise wurde ihr mit einem der seltenen Einwanderungsvisa erlaubt, die die Briten für Juden ausstellten. Hätten auch andere Familienmitglieder diese kostbaren Dokumente erhalten, um die sie sich jahrelang bei der britischen Regierung bemüht hatten, wären auch ihre Leben gerettet worden.

Der Kontext, über den ich sprechen möchte, ist nicht spezifisch der Holocaust, sondern Antisemitismus im allgemeinen. Antisemitismus ist kein isoliertes Ereignis, sondern hat durch die Jahrhunderte hindurch immer wieder stattgefunden und setzt sich bis heute fort. (...) Andauernder Antisemitismus ist der Grund, weshalb die Existenz von Israel weiterhin bedeutend ist. Welche Rolle auch immer Israel historisch im Leben des jüdischen Volkes gespielt haben mag, seine aktuelle Bedeutung ist, eine Zuflucht für Juden zu sein, die verfolgt werden, einfach weil sie jüdisch sind. Israel dient als sicherer Hafen zum Schutz vor Antisemitismus. (...)

Dieses Konzept von Israel meint dennoch nicht, dass Israel ein rassistischer oder undemokratischer Staat sein muss. (...) Es muss ein Staat sein, der all seinen Bürgern gehört, jüdischen und nichtjüdischen, der allen Gleichheit und gleiche Möglichkeiten bietet. Ich wäre stolz darauf, einen Nichtjuden als Präsidenten oder Premierminister von Israel zu haben; ich wäre stolz auf vollständig integrierte zweisprachige Schulen, hebräisch und arabisch. In der Tat hätte ich kein Problem damit, Teil einer jüdischen Minderheit in Israel zu sein, solange die Rechte der Minderheiten garantiert wären. In meiner Vision würde Israel ein Land werden, das nicht nur verschiedene Religionen und Kulturen toleriert, sondern sie begrüsst und mit den Jahren gar so weit kommt, den Reichtum dieses Mosaiks zu feiern.

Aber bei einem Bereich schlage ich vor, eine Ausnahme vom Gleichheitsprinzip zu machen; sie beruht darauf, dass Antisemitismus eine historische Tatsache ist: Ich würde allen Juden, die vor Verfolgung fliehen, weil sie jüdisch sind, automatisch die Einreise nach Israel erlauben. Dies ist kein globales »Rückkehrrecht«, wie es heute existiert, eher ein enges »Einreiserecht«, das allen Juden, die vor Antisemitismus fliehen, zur Verfügung steht. Ich möchte sicherstellen, dass da ein Ort ist, der immer Juden aufnehmen wird, die Antisemitismus erleiden.

Gila betont in ihrem Brief, dass diese Ausnahme so lange gelten solle, wie jüdische Menschen gezwungen werden, vor Antisemitismus zu fliehen. Dies sollte die einzige Einschränkung in jener Demokratie sein, die sie sich in Israel wünsche.

In bezug auf das palästinensische Rückkehrrecht verlangt sie zunächst eine prinzipielle Anerkennung von Israels historischer Verantwortung und fordert entsprechende konkrete Konsequenzen:

Das Rückkehrrecht der palästinensischen Flüchtlinge sollte von der israelischen Regierung vollumfänglich anerkannt werden. Darüber hinaus muss die israelische Regierung die Verantwortung für ihren Anteil an der Schaffung von Flüchtlingen, 1948 ebenso wie 1967, akzeptieren. Es ist an der Zeit, das grosse Leiden der Palästinenser anzuerkennen, die gezwungen wurden, ihre Häuser zu verlassen, gleichgültig, ob dies angesichts eines Gewehrlaufs oder aus Furcht vor den vorrückenden jüdischen Soldaten geschah oder in der Hoffnung, nach wenigen Tagen zurückkehren zu können. Kurz, die israelische Regierung muss ihren Anteil an der Verantwortung für diese Tragödie anerkennen, muss sich formell für ihre Rolle in diesem Geschehen entschuldigen, muss das Recht der Palästinenser auf Rückkehr akzeptieren und muss monetärer Entschädigung derer, die tatsächlich zurückkehren, genauso zustimmen wie derer, die nicht zurückkehren.

Gila schreibt über geflüchtete Palästinenser, aber sie erwähnt mit keinem Wort die Vertreibungen und schweigt über die Massaker. Das kann ich so nicht stehenlassen. Sogar Gila, die eine so lange Erfahrung im palästinensisch-israelischen Dialog hat und mit der ich über diese Tatsachen immer wieder gesprochen habe, ist noch immer so weit von einer klaren Anerkennung dieser israelischen Taten entfernt, dass sie sie nicht erwähnt. Ich weiss, dass Gila mir gegenüber niemals die Massaker oder die Vertreibung in Frage gestellt oder gar geleugnet hätte. Dass sie aber diese Greueltaten auch in diesem Brief nicht zur Sprache bringt, zeigt deutlich, dass unser Dialog zwingend weitergehen muss. Ich werde ihr schreiben.

Gila differenziert den Umgang mit dem grundsätzlichen Recht der Palästinenser auf Rückkehr wiederum pragmatisch, geleitet vom Wunsch, den Frieden zwischen Israelis und Palästinensern tatsächlich möglich zu machen:

Die Erbsünde in Israels Geburt fand (...) vor über fünfzig Jahren statt, und es ist nicht länger sinnvoll, zu versuchen, die Räder der Geschichte zurückzudrehen. Die nationalen palästinensischen Institutionen besassen die Weisheit, die Unumkehrbarkeit dieser Tatsache anzuerkennen und der sogenannten Grünen Linie, der Waffenstillstandslinie von 1948, als dauernder Grenze zwischen Israel und Palästina zuzustimmen. Dieses Zugeständnis ebnet den Weg für eine pragmatische Lösung der territorialen Frage, und dies sollte Israel begrüssen.

Aus Gilas Perspektive schliessen die inzwischen gewachsenen Tatsachen die Respektierung der UNO-Resolution 194 aber keineswegs aus:

Die UNO-Resolution 194, die von Verfechtern des Rückkehrrechts zitiert wird, merkt an, »dass den Flüchtlingen, die in ihre Wohnstätten zurückkehren und in Frieden mit ihren Nachbarn leben wollen, dieses zum frühestmöglichen Zeitpunkt gestattet werden sollte«. Ich unterschreibe das Konzept des Rückkehrrechts einschliesslich seiner Bedingung der Bereitschaft, »in Frieden mit ihren Nachbarn zu leben«. Dies ist nicht leicht zu definieren, aber es muss vollzogen werden. Unsere beiden Nationen sind seit so vie-

len Jahrzehnten im Krieg miteinander, und es gibt so viel Hass auf beiden Seiten, dass wir sicherstellen müssen, dass der Einlass einer palästinensischen Bevölkerung nach Israel nicht weitere Konflikte und Gewalt hervorbringen würde (von beiden Seiten, natürlich). Ich benutze dies nicht als Vorwand, um Immigration zu verhindern, aber ich glaube, dass es eine Form respektvoller Beobachtung geben muss, die sicherstellt, dass die, die nach Israel einreisen, »in Frieden leben« wollen.

Eine praktische Lösung verlangt auch, dass der palästinensische Staat im Rahmen seiner Möglichkeiten Flüchtlinge aufnimmt und dass die Länder, die zur Zeit palästinensische Flüchtlinge beherbergen, diejenigen aufnehmen, die zu bleiben wünschen. Die Anzahl, die jedes Land aufzunehmen bereit ist, wie auch der Zeitplan für ihre Einreise müsste in Verhandlungen geklärt werden. Selbstverständlich sollten die Verhandlungspartner nicht dieselbe brutale Bande von Politiker-Generälen sein, die seit Jahrzehnten schlechte Entscheidungen treffen, sondern eine Gruppe von gerecht gesinnten Frauen und Männern, die begreifen, wie man Brücken für den Frieden baut.

Wie visionär Gila Svirskys Vorschläge sind, tritt besonders in diesem letzten Satz zutage – denn sind es nicht überall die Kriegsherren, die schliesslich über einen Frieden verhandeln, der meist mehr mit den Machtverhältnissen als mit Gerechtigkeit zu tun hat?

Wären wir die politische Führung, schreibt Gila, *würden wir uns niemals – auch dann nicht, wenn wir nicht übereinkämen – auf solche Gewalttaten und auf die rassistische Sprache einlassen, die den Konflikt seit Jahren charakterisieren. Das Leiden auf beiden Seiten ist ungeheuerlich, und es wird durch diese Politik fortgesetzt.* Sie sagt mir in ihrem Brief auch: *Wenn der Frieden im Nahen Osten davon abhinge, dass wir beide übereinkommen, zweifle ich nicht daran, dass wir uns nach Wochen oder Monaten einigen würden, nicht erst nach Jahren.*

Dem kann ich nur zustimmen.

Neue Dimensionen des Dialogs

Der Einfluss der deutsch-jüdischen Geschichte

Zwischen 1998 und 2000 führte der »Jerusalem Link« in Würzburg (1998), Jerusalem und Tabgha bei Tiberias (1999) sowie Bremen (2000) eine Seminarreihe mit israelischen, palästinensischen und deutschen Frauen durch. Der Einbezug der deutschen Frauen ins Gespräch erweiterte nicht nur den Kreis der Teilnehmerinnen, sondern brachte eine weitere Dimension der Konfliktgeschichte in den Dialogversuch ein.

Der Friedensprozess hatte viele Hoffnungen enttäuscht. Die Palästinenserinnen und die Israelinnen konnten es sich weniger denn je leisten, auf den politischen Schutz ihrer Autoritäten zu verzichten. Wir hätten wohl kaum die Genehmigung bekommen, gemeinsam ins Ausland zu reisen oder ein Seminar zu veranstalten und dabei unter demselben Dach zu wohnen, hätten wir nicht unsere Gruppe erweitert. Die Anwesenheit der deutschen Frauen und das Thema »Die Rolle der Frauen in Demokratie und Frieden« gab dem Seminar internationalen Charakter und machte die Veranstaltungsreihe schliesslich möglich.

Die Begegnungen verliefen positiver als erwartet. Die Teilnehmerinnen kamen sich durch den persönlichen Austausch und durch die Gelegenheit, Gefühle und Erfahrungen darzustellen, näher. Es herrschte eine Atmosphäre von Freundlichkeit und Menschlichkeit, was irgendwie unglaubhaft wirkte, waren wir doch eigentlich Feindinnen und nicht hergekommen, um Persönliches auszutauschen, sondern um politische Probleme zu diskutieren und zu streiten.

Konflikt um Chanukka

Es war kurz vor Weihnachten 1998, und also auch vor Chanukka, als sich je acht Frauen aus Israel, Palästina und Deutschland zum Seminar in Würzburg trafen. Wir wollten über unsere verschiedenen politischen Positionen diskutieren, hofften aber, dass wir auch als Frauen unsere Erfahrungen teilen könnten und nationale Fragen nicht das Gespräch dominieren würden. Aber die trennenden politischen Fakten bestimmten den Prozess der Verständigung; sie liessen sich nicht zur Seite schieben.

Dies zeigte sich deutlich, als Gili, die jüngste Israelin, alle Frauen zum Feiern der Lichter von Chanukka einlud. Wir Palästinenserinnen wussten nichts über Chanukka, ausser dass es ein jüdisches Fest war. Ich fragte Gili: »Was feiert ihr mit Chanukka?« Sie antwortete, dass mit diesem Fest der Sieg, die Unabhängigkeit und die Freiheit gefeiert würden. »Das sollen wir mit dir feiern?« entgegneten wir Palästinenserinnen. »Wo ist unsere Freiheit, unser Sieg und unsere Befreiung?« Die aufgestauten Emotionen auf beiden Seiten entluden sich, und unser Bedürfnis, endlich über Politik zu sprechen, trat offen zutage. Ein heftiger Streit brach aus.

Gili verstand die Welt nicht mehr; sie hatte nur freundlich sein wollen. »Warum könnt ihr die Politik nicht beiseite lassen? Können wir uns nicht als Frauen treffen?« Sie war verletzt und rief schliesslich aus: »Also stimmt es doch, was Vater mir gesagt hat: Den Juden wird durch die ganze Geschichte hindurch immer wieder die Schuld für alles zugeschoben!« Das Gespräch war gescheitert; alle bemühten sich, die anderen zu trösten und die Tränen zu trocknen.

Tiefe Gräben trennten uns. Wir befürchteten, die Ambitionen zu hoch gesteckt zu haben. Wir versuchten trotzdem, offen und ehrlich zu diskutieren und unseren Schmerz und unsere Gefühle miteinander zu teilen. Wir mussten uns einander wieder ganz vorsichtig annähern. In kleinen Gruppen von nur wenigen Personen aus allen drei Nationen konnten wir viel entspannter miteinander sprechen, als dies im Plenum möglich gewesen war. So konnten wir uns langsam persönlich kennenlernen und unsere Erfahrungen austauschen. Doch je mehr wir uns den Israelinnen als Menschen annäherten, desto mehr verstärkte sich unser schlechtes Gewissen darüber. Schliesslich waren wir ja hier, um politische Dialoge zu führen und um den Israelinnen die Augen zu öffnen! Wir wollten sie mit der Brutalität der Politik ihrer Regierung konfrontieren. Wir wollten sie von unserer Sache überzeugen, von der Richtigkeit unseres Standpunktes.

Harte Worte fielen. »Ich kann nie mit einer Israelin feiern oder tanzen, denn sie ist meine Feindin, meine Besatzerin«, meinte eine Palästinenserin. Eine Israelin entgegnete darauf: »Aber ich gehöre nicht zu den Soldaten, zu Netanjahu, zum System. Es schmerzt mich, zu hören, dass ich eure Besatzerin sein soll. Ich sehe euch ja auch nicht als Terroristinnen!« – »Du kannst doch nicht die Besatzung als System mit dem Terrorismus vergleichen!« empörte sich eine andere Palästinenserin. »Der Terrorismus ist kein System, aber die Besatzungspolitik ist Staatsterror! Die Besatzung schafft bewusst harte, brutale Fakten, über die wir sprechen müssen. Ob du es hören willst oder nicht, es besteht eine Asymmetrie zwischen uns!«

Das gesamte verdeckte Misstrauen zwischen uns brach erneut hervor. Auch ich musste mich fragen: »Was tue ich eigentlich hier? Schlafen mit dem Feind?« Die Israelinnen mussten sich einige Vorwürfe über ihr Engagement anhören: »Ihr unterstützt uns bloss mit Worten, nicht mit Taten!« und »Die israelische Linke schiesst und weint. Diese Ambivalenz muss aufgedeckt werden!«

Die deutschen Frauen waren sehr irritiert und wussten nicht, wie sie sich verhalten sollten. Meistens blieben sie still und beobachteten uns. In allem, was sie sagten, waren sie sehr vorsichtig, jedoch stets bereit, die Israelinnen zu verteidigen. Diese wollten jedoch gar nicht verteidigt werden, es schien ihnen manchmal sogar peinlich zu sein. Sie sagten: »Hört auf damit, wir können uns selbst verteidigen.«

Vielleicht ist es die deutsch-jüdische Geschichte, die die Deutschen dazu neigen liess, viel Verständnis für die Israelinnen und für die israelische Politik zu zeigen. Da ich die deutsch-jüdische Geschichte kenne, konnte ich die deutschen Frauen verstehen und die Hintergründe erkennen, die ihr Reden und Handeln bestimmten. Doch die anderen Palästinenserinnen murrten: »Schaut nur, sie wissen kaum etwas über unsere Situation. Sie interessieren sich nicht für unsere Sicht der Dinge.« Ich beruhigte sie und hob die aufrichtigen und klaren Äusserungen der deutschen Frauen hervor, die zeigten, dass sie ehrlich beide Seiten zu verstehen versuchten und zu beiden Seiten Brücken bauen wollten.

Interessanterweise konnten sich die deutschen Frauen Monate später nicht mehr an die Einzelheiten des Konfliktes erinnern. Sie hatten die Bedeutung von Chanukka nicht verstanden und nicht mitbekommen, dass das Fest den Konflikt zum Ausbruch gebracht hatte.

Sie wollten ihrerseits die Frage der nationalen Identität zunächst nicht wichtig nehmen. Sie bekamen jedoch ihren Anteil an der Wut und Frustration zu spüren, als es hiess: »Die Deutschen sind nicht Mediatorinnen, sie sind ein Teil des Konflikts!« Katrin wehrte sich zunächst noch: »Ich bin nicht Beobachterin, ich bin nicht Mediatorin. Wenn ich spreche, bin ich Katrin, nicht ›die Deutsche‹!« Schliesslich musste sie jedoch erkennen, dass sie sich diesem Thema nicht entziehen konnte und sich auch mit ihrer eigenen Rolle auseinandersetzen musste.

Diese Auseinandersetzungen und das Streiten schmerzten, doch sie erleichterten uns auch: Indem wir Feindbilder ansprechen, geraten sie ins Wanken. Übrigens sind die Kerzen des Chanukka-Festes am Abschiedsabend dann doch verteilt worden, in der Hoffnung, dass wir sie eines Tages gemeinsam anzünden.

Erneuter Streit und Versöhnung in Ruanda

Gila war 1999 als Leiterin von »Bat Schalom« zurückgetreten. Als wir zum Abschluss der Seminare eine Publikation dazu erstellen und über unsere Erfahrungen schreiben wollten, bat ich Gila, uns dabei zu helfen. Wir gaben ihr den Auftrag, Lektorat und Herausgabe zu übernehmen, da sie sehr gute Texte verfasste. Vielleicht erscheint es merkwürdig, vielleicht war es auch politisch falsch, dass ich ausgerechnet sie auf Honorarbasis anstellte, um einen derart sensiblen Text zu gestalten. Doch ich wollte es einfach wagen, und es lag mir am Herzen, dass Gila beteiligt war. Viele der Diskussionen hatten wir privat schon miteinander geführt und anhand der geschriebenen Dialoge fortgesetzt. Auf diesem Wege hatten wir uns einander wieder annähern können. Ich hoffte, auch die Arbeit an unserer Publikation würde eine solche Dynamik auslösen.

Als die Publikation kurz vor ihrem Abschluss stand, gab ich Gila die neue Deklaration des »Jerusalem Link«, damit sie diese in den Anhang der Publikation aufnehme. Gila stimmte der Deklaration immer noch nicht zu; ich kannte jedoch die Einzelheiten ihrer Einwände zu dieser Zeit noch nicht. Ohne mich, die ich sie ja angestellt hatte, zu informieren, legte Gila ihre Aufgabe als Herausgeberin nieder. Sie wandte sich an die deutsche Projektverantwortliche und teilte ihr ihre Einwände mit. Die deutsche Partnerin war entsetzt, weil sie von der Problematik um die neue Deklaration des »Jerusalem Link« zuvor keine Kenntnis gehabt hatte, und sie befürchtete, dass die Veröffentlichung der Deklaration die deutsch-israelischen Beziehungen gefährden könnte. Stundenlang telefonierten wir.

Ich hielt mich zu dieser Zeit am Kirchentag in Hamburg auf, pendelte von Hamburg nach Bonn und Jerusalem und wieder zurück und wurde sogar im deutschen Bundesministerium für Familie, Senioren, Frauen und Jugend sowie im Aussenministerium in die Diskussion um die Veröffentlichung unserer neuen Deklaration einbezogen, im Versuch, einen Ausweg zu finden.

Ich erklärte, dass die Mehrheit des Vorstandes von »Jerusalem Link« für diese Deklaration gestimmt und dass »Bat Schalom« sie nie offiziell zurückgezogen habe. Ausserdem handle es sich um eine interne »Jerusalem Link«-Angelegenheit. Ich durfte dem Druck der deutschen Intervention nicht nachgeben; ich war nicht dazu befugt, und ich konnte es mir politisch nicht leisten. Es hätte mich in Lebensgefahr gebracht. Die Prinzipien der Deklaration sind unser Schutz und die Richtlinien unserer gemeinsamen Arbeit. Nach ihnen beurteilt meine Gesellschaft unsere Beziehungen zu den Israelis. Wir tragen sie stets bei uns und publizieren sie, damit uns niemand vorwerfen kann, wir normalisierten die Beziehungen zwischen Besatzern und Besetzten. Es war überaus schwierig, dies alles zu erklären. Die Repräsentanten der Bundesrepublik Deutschland verlangten, dass die nationalen Fragen ausgeklammert würden. Ich kam an eine Grenze und beharrte darauf, dass die Prinzipien ins Buch aufgenommen würden, andernfalls würden wir die Publikation ganz zurückziehen. Endlich fanden wir einen Ausweg: Die Prinzipien wurden publiziert, aber mit dem Vermerk, dass einige Punkte noch strittig seien.

Nachdem wir 1999 gemeinsam am Seminar »Women in the War Zone« teilgenommen hatten, lud das US-Konsulat Gila und mich im Juni 2000 zu einer Konferenz nach Ruanda ein. Ich war immer noch wütend auf Gila. Zwar wusste ich, dass sie noch immer gekränkt war wegen des Verlaufs der Diskussion über die Deklaration im »Jerusalem Link«, doch ich konnte einfach nicht hinnehmen, dass sie bei der Arbeit an der Publikation nicht mit mir gesprochen und uns auf diese Weise viel Ärger bereitet hatte. Gleichzeitig anerkannte ich ihre Stärke, mit der sie treu an ihren Prinzipien festhielt, und ich bewunderte sie dafür. Wir nahmen uns vor, über die Geschichte rund um das Buch und über all die Missklänge und aufgestauten Gefühle aus der Zeit der Zusammenarbeit im »Jerusalem Link« zu diskutieren. Wir stritten uns heftig, aber respektvoll. Danach schauten wir uns Kigali an, gingen zusammen essen und gestalteten miteinander einen Workshop für afrikanische Frauen über Mobilisierung und Friedensarbeit. Die Kursteilnehmerinnen konnten es kaum glauben, dass eine Israelin und eine Palästinenserin so viele gemeinsame Standpunkte vermittelten. »Es gibt mindestens ebenso viele unterschiedliche Ansichten!« sagten wir lachend.

Zumindest zu zweit konnten wir in Ruanda, und danach in einem Briefwechsel, über einige offengebliebene Fragen diskutieren. Wir schrieben einander regelmässig, wenn auch mit Pausen von mehreren Monaten. Denn es brauchte oft lange, bis wir die richtigen Worte gefunden hatten.

Mythen und Realitäten im Widerspruch

Palästinensische und israelische Wahrnehmung von Geschichte

Jede nationale Identität beruht auf einem Mythos vom gemeinsamen Ursprung, von der Gründung der Nation. Mythen stiften Gemeinschaftsgefühl und Identität, indem sie nur einen bestimmten Strang der eigenen Geschichte wie einen roten Faden benutzen und andere Elemente ausblenden. Sie grenzen auf diese Weise die eigene Identität und Geschichte von der Identität und Geschichte der Nachbarn ab und schliessen diese aus. Damit blockieren sie das wechselseitige Verständnis.

So kennen Palästinenser den Mythos der Israelis, die nach wie vor überzeugt sind, das Land gehöre ihnen allein und sie seien als Volk ohne Land in ein Land ohne Volk gekommen. Die Palästinenser hätten ihr Land freiwillig verlassen, so wurde es den Israelis vermittelt, und deshalb fühlen sie sich nicht verantwortlich für die Heimatlosigkeit der palästinensischen Flüchtlinge. Zwar wissen sie, dass ein Unrecht begangen worden ist, doch sehen sie es als kriegsbedingt und notwendig für ihr Überleben. In israelischen Geschichtsbüchern steht nichts von der gewaltsamen Vertreibung der Palästinenser, dabei hatte selbst Jitzhak Rabin in seiner Biographie bereits 1979 geschrieben, er habe 1948 auf Befehl von Ben-Gurion 50 000 Palästinenser und Palästinenserinnen mit Waffengewalt aus Lod und Ramla vertrieben. Diese Stelle war zwar zensiert worden, das »Geständnis« des späteren Ministerpräsidenten aber wurde dennoch bekannt. Unter uns diskutierten wir darüber, was es heisst, solche Fakten öffentlich anzusprechen. Wenn man das Unrecht aufzeigte und eingestand, dann würde die Bereitschaft zu Kompromissen wachsen.

Mit keinem Wort erwähnen israelische Geschichtsbücher die vielen Massaker, die 1948 an Palästinensern verübt wurden. Nichts wird gesagt über die 418 palästinensischen Dörfer, die dem Erdboden gleichgemacht wurden, nichts über die Verbrechen jüdischer Terrorgruppen wie »Irgun«, »Haganah« und »Stern«, die von Jitzhak Schamir, Ariel Scharon und Menachem Begin geleitet wurden. Erst nach fünfzig Jahren haben die Israelis offiziell das Massaker im Dorf Dair Jassîn zugegeben, das 1948 von »Irgun«, unter dem Kommando des späteren Ministerpräsidenten Menachem Begin, verübt worden war. Palästinenser in Israel dürfen erstmals in ihren Geschichtsbüchern darüber berichten. Noch im Jahr 1953 überfiel Ariel Scharon mit seinem Kommando das Dorf Kibja bei Ramallah, das unter jordanischer Herrschaft stand, zerstörte fünfundvierzig Häuser und tötete über fünfzig Menschen.

Ich erfahre die Israelis als Menschen, die gelernt haben, es sei ihr Schicksal, vor Verfolgung durch die Araber und alle anderen Völker Angst haben zu müssen. Wenn wir Palästinenser unsere Geschichte erzählen, dann wollen sie diese nicht glauben und beharren darauf, dass das Land unbewohnt gewesen sei und sie es aufgebaut hätten. Wenn wir dann sagen: »Ihr habt es mit Gewalt auf den Trümmern unserer Dörfer und Städte gebaut«, dann sind sie gekränkt und kommen zum Schluss, dass man ihnen wieder einmal, wie schon seit Jahrhunderten, die Schuld für alles Unrecht der Welt zuschiebe. Manche glauben, dass die Palästinenser erst im letzten Jahrhundert aus umliegenden Ländern nach Palästina eingewandert und nur vorübergehende Besucher seien. Israelis glauben, dass sie von den Palästinensern gehasst werden, weil sie Juden sind und nicht weil sie als Eroberer und Besatzer gegenüber dem palästinensischen Volk im Unrecht und schuldig sind. Viele Palästinenser dagegen glauben, dass die Israelis sie als Unmenschen betrachten, als Lügner, denen man nicht vertrauen könne, als Gewalttäter und Unzivilisierte, die kein Volk seien, keine nationale Identität hätten und in andere arabische Staaten integriert werden könnten.

Auf palästinensischer Seite behindern andere Mythen über die Israelis und über die jüdische Geschichte und Identität die Verständigung: Die meisten Palästinenser können den Glauben an das verheissene Land für das auserwählte Volk nicht akzeptieren, zumal sie ihrerseits glauben, dass Gott Palästina den Palästinensern und über sie hinaus der muslimischen Nation verheissen habe. Sie wollen nicht verstehen, dass Jüdinnen und Juden als Religionsgruppe den Anspruch erheben, ein Volk zu sein, und dass Jüdischsein eine nationale Identität begründet. Es ist für sie unannehmbar, dass die Existenz des Staates Israel auf religiösen Überzeugungen gründet, die die Aneignung des Landes Palästina und weitere Landenteignungen legitimieren. Palästinenser lehnen es meistens ab, sich die jüdische Leidensgeschichte anzuhören, weil sie fürchten, man könne sie dafür mitverantwortlich machen. Viele sagen: »Wir haben damit nichts zu tun, unsere Geschichte mit den Juden beginnt mit ihrer Zuwanderung, mit Besatzung und Unterdrückung.«

Zunehmend fürchten auch die arabischen Staaten zwischen Euphrat und Nil, dass Israel seine Herrschaft mit Gewalt, legitimiert durch religiöse Argumente, auf die ganze Region ausdehnen will. Diesen Zionismus lehnen die Araber ab und betrachten ihn als gefährlich und existenzbedrohend. Den Staat Israel sehen sie als zentrales Problem für den gesamten Nahen Osten.

Ich habe mich seit meinem Studium in Deutschland intensiv mit der jüdischen Geschichte befasst. Durch meine Arbeit für den Frieden habe ich viele Erfahrungen mit jüdischen Menschen und Israelis gemacht. Dabei habe ich gelernt, dass der Zionismus viele verschiedene Richtungen und unterschiedliche Interpretationen kennt.

Ich lernte diese Interpretationen erkennen, und ich weiss, wie verletzend und beängstigend es für jüdische Menschen und Israelis ist, wenn sie ihre eine und einzige Version von Zionismus mit anderen Versionen konfrontiert sehen. Der Streit darüber, was unter Zionismus zu verstehen sei, wird in Israel und unter Jüdinnen und Juden fortwährend geführt und scheint als Teil ihrer Identität notwendig. Die Politik, die die israelische Regierung verfolgt, beruht auf einer fanatischen Interpretation, welche die palästinensische Geschichte und Gegenwart ausgrenzt. Vertreter anderer Interpretationen bekämpfen diese fanatische Version. Es gehört zu meinem Verständnis von Menschenrechten und Menschenwürde, dass ich den jüdischen Menschen und den Israelis die Freiheit zugestehe, ihrer jeweiligen Sicht von Zionismus zu folgen. Ich muss das respektieren. Viele meiner israelischen Mitstreiterinnen und Mitstreiter für den Frieden vertreten einen Zionismus, der einen gerechten Frieden mit den Palästinensern in Palästina nicht ausschliesst. Sie wollen Zionistinnen und Zionisten bleiben und sind stolz darauf. Schliesslich war es der Zionismus, der den Staat Israel und die Existenz ihrer Gesellschaft ermöglicht hatte. Wenn ich sie in ihrem Verständnis dieses friedlichen Zionismus anerkenne und respektiere, dann gewinnen wir uns gegenseitig für meinen und ihren Frieden.

Beide Völker behalten ausschliesslich die eigene Leidensgeschichte in Erinnerung; das Sicherheitsbedürfnis und die Ängste der anderen Seite werden negiert. Der Weg zum gegenseitigen Verständnis, zur Akzeptanz der anderen Geschichte, ist schwierig und schmerzhaft.

Besuch in Jad Vaschem

In den vergangenen Jahren haben ausländische Organisationen immer wieder versucht, Palästinenser und Palästinenserinnen zur Auseinandersetzung mit der jüdischen Geschichte und zum Besuch von Holocaust-Gedenkstätten zu bewegen. Diese Versuche sind meistens gescheitert, weil diese Organisationen in der Regel mit der erklärten Absicht antraten, uns mit dem Holocaust konfrontieren zu wollen, »damit ihr Palästinenser Verständnis für die Israelis und Juden entwickelt«.

Die Reaktion von palästinensischer Seite auf dieses Ansinnen lautete ebenso regelmässig: »Der Holocaust ist eine Sache, auf die wir uns nicht behaften lassen. Es kann von uns kein Verständnis dafür geben, dass wir entrechtet werden und dass Israel sich aufgrund der jüdischen Geschichte uns gegenüber ins Recht setzt und auf unsere Kosten eine neue Geschichte beginnt.«

Im Frühjahr 1998 versuchte die deutsche Konrad-Adenauer-Stiftung einige Palästinenserinnen und Palästinenser dazu zu bewegen, die Holocaust-Gedenkstätte Jad Vaschem in West-Jerusalem zu besichtigen, um gemeinsam herauszufinden, ob die Zeit für Besuche palästinensischer Schulklassen reif wäre. Ich folgte der Einladung zusammen mit meinem Mann, zwei Deutschen, einem israelischen Professor und vier weiteren Palästinenserinnen und Palästinensern, die alle Akademiker sind und sich in der Friedensarbeit engagieren. Der Besuch fand heimlich statt, wir erzählten niemandem davon. Wir machten uns voller Neugier, aber auch mit Angst auf den Weg. Viele psychische Barrieren waren zu überwinden. Schweigend wanderten wir durch die Räume, sahen die Verbrechen an Menschen und an der Menschlichkeit. Wir empfanden Schmerz, Verzweiflung und Fassungslosigkeit. Ich hatte viele solcher Bilder bereits gesehen, als ich als Studentin die jüdische Geschichte kennengelernt und die Gedenkstätten des Grauens in Dachau, Auschwitz und Neuengamme bei Hamburg und die zahlreichen Stätten in Berlin besucht hatte. Ich erkannte die Bilder, sah die Augen der Opfer und fühlte ihre lebendige Präsenz trotz ihres Todes. Ich habe viel gelernt. Ich war sehr beeindruckt von der kunstvollen Darstellung der Geschichte und der von Ehrfurcht und Würde geprägten Atmosphäre. Es fröstelte mich, und ich identifizierte mich mit dem Leiden dieser Menschen. Den anderen ging es ähnlich. Ungläubigkeit über das Ausmass der Verbrechen war ihnen anzusehen.

Doch an einer Stelle gab es einen Bruch: In einem Ausstellungsraum geht der Holocaust abrupt in die Staatsgründung Israels über. Auf einem Bild ist der Mufti von Jerusalem zusammen mit Hitler zu sehen, dann gibt es Dokumente vom 1948er Krieg und schliesslich Abbildungen von der Begeisterung über die Eroberung und den Aufbau des Staates Israel. Unsere Geschichte ist vollständig ausgeblendet, unsere Existenz negiert. Ein komplettes Verschwinden unseres Leidens, eine Verfälschung der Geschichte, das Leugnen des Unrechts und unserer Realität, dachte ich. Kein Wunder, dass wir für die Israelis als Volk, als Menschen und als politische Dimension unsichtbar bleiben. Ich war tief gekränkt und verletzt und fragte mich: Wie können wir Frieden aufbauen, wenn diese Lücke bleibt? Wie könnte man Palästinenserinnen und Palästinenser dorthin führen und erwarten, dass sie mit Erschütterung reagieren, wenn sie und ihre Geschichte inexistent sind? Wenn es eines Tages möglich sein sollte, dass die Palästinenser der internationalen Öffentlichkeit eigene Gedenkstätten zu ihrer Geschichte, ihrem Leiden und ihrer Entwicklung präsentieren können, dann erst wäre die Zeit reif und würde jede Seite die andere Seite als Bestandteil der eigenen Geschichte, Gegenwart und Zukunft miteinbeziehen.

Ich weiss, ein Vergleich unserer Leiden mit den Leiden der Juden und Jüdinnen ist nicht nur ungerecht, sondern auch falsch und darf nicht zugelassen werden. Dennoch glaube ich, es wäre wichtig für den Friedensprozess, die palästinensische Geschichte in einer für beide Seiten angemessenen Weise in die Konzeption von Jad Vaschem einzubeziehen. Andernfalls würde ein Besuch von Palästinensern das Gegenteil dessen bewirken, was wir Palästinenser, die wir uns für den Frieden einsetzen, und was Israelis und Juden sich erhoffen. Ich denke an die Worte des palästinensischen Publizisten und Wissenschaftlers Edward Said: »Wir müssen den Holocaust anerkennen und verstehen, nicht um Israel einen Blankoscheck zu geben, uns anzutun, was sie uns antun, sondern um unsere Menschlichkeit zu bestätigen und zu bereichern. Nur so kann unser Leid anerkannt werden, und nur so erweisen wir uns der Freiheit, Unabhängigkeit und des Friedens würdig.«*

Das palästinensische und das israelische Volk sehen einander vor allem als Bedrohung. Auf dem Weg zur Versöhnung müssen wir uns aber öffnen für die Leidensgeschichte der anderen. Denn wir brauchen ihre Anerkennung unserer Leiden, damit wir ihnen genug Vertrauen entgegenbringen können, um gemeinsam Schritte der Versöhnung zu machen.

Mount Zion Award

Im September 1996 lud mich der Benediktinerpater Wilhelm Salberg, der Stifter des Mount-Zion-Preises der Hagia-Maria-Sion-Abtei in Jerusalem, zu sich ein. Wilhelm Salberg hatte einen jüdischen Vater und eine katholische Mutter, die wie viele seiner Familienmitglieder im KZ umgebracht worden waren. Er stiftete den Mount Zion Award als Auszeichnung für Verdienste um Versöhnung und Frieden zwischen Religionen und Kulturen. Er hatte mein Buch *Thymian und Steine* gelesen. Er, der zu diesem Zeitpunkt schon schwer krank war, wollte mich kennenlernen, um mir persönlich mitzuteilen, dass das Stiftungskomitee einstimmig beschlossen hatte, im Jahr 1997 mir allein den

* *Le Monde diplomatique*, August/September 1998.

Mount-Zion-Preis zu verleihen. Er unterstrich, dass es eine bewusste Stellungnahme sei, mich allein zu ehren, um die Palästinenser in ihrem Kampf für Freiheit, Unabhängigkeit und Gerechtigkeit und vor allem in ihrem Kampf für den Frieden ausdrücklich zu erwähnen und zu bestärken.

Ich war sehr gerührt und zugleich skeptisch. Ich konnte es kaum glauben; diese politische Haltung war mir neu. Welch ein Wagnis, dachte ich, welcher Mut, mir allein den Preis zu geben! Bei ähnlichen Gelegenheiten hatte ich immer wieder erfahren, dass eine gewisse Befangenheit, Angst und Vorsicht bestand und oft gezielt Druck ausgeübt wurde, um unter dem Vorwand der Ausgewogenheit einen Israeli einzubeziehen. Ich weiss, wie schwer Deutsche und Europäer sich damit tun, einen Preis ausschliesslich einer palästinensischen Person zu verleihen und damit einseitig Stellung zu beziehen. Ich konnte es also nicht wirklich glauben und wartete ab. Kurz darauf starb Wilhelm Salberg.

Weniger als einen Monat vor der Preisverleihung erhielt ich einen Brief vom Vorsitzenden der Stiftung, in dem er mir mitteilte, dass der Preis nun zwischen mir und Jitzhak Frankenthal von der Organisation »Osvi Schalom«, dessen Sohn kurz zuvor von Palästinensern getötet worden war, geteilt werden müsse, und er bat mich um Verständnis. Ich schrieb ihm folgendes zurück:

Haben Sie herzlichen Dank für Ihren Brief vom 9. 9. 1997. Ich möchte gleich versichern, dass ich es respektiere, dass auch Jitzhak Frankenthal geehrt und auch ihm der Mount Zion Award überreicht wird. Ich kenne die Arbeit seiner Friedensgruppe »Osvi Schalom«, und ich schätze sie sehr. Ich möchte Ihnen herzlich danken für das Vertrauen, das Sie mir schenken, und für Ihren Mut.

Ich habe gelernt, den anderen mit Freude zu gönnen, was ich als gut empfinde oder was mir gewährt wird. Ich kenne die Sensibilität der Lage, und ich respektiere sie. Ich möchte aber ehrlich sein und Ihnen sagen, dass ich es geahnt habe. Diese Situation ist nicht neu. Sie gehört zu der Auseinandersetzung in unserem Konflikt. Als mir Herr Salberg vor Monaten den Beschluss des Stiftungskomitees mitteilte, empfand ich das als einen echten Schritt in Richtung Anerkennung unserer Identität. Ich war skeptisch, doch ich erkannte die Grösse solchen Verhaltens. Noch gesteht man uns Palästinensern nicht ohne weiteres Selbständigkeit und Unabhängigkeit zu. Gleichheit und Gleichwertigkeit sind noch längst keine Selbstverständlichkeit. Die unermüdliche Friedensarbeit hat mich gelehrt, dass man immer bereit sein muss, einige Schritte rückwärts zu machen, manchmal sogar nachzugeben, um sicherzustellen, dass es einen Schritt vorwärtsgeht. Es wäre gut, wenn wir dieses Thema einmal ausführlich diskutieren könnten.

Ich freue mich für »Osvi Schalom« und für Jitzhak Frankenthal. Ich hoffe, dass uns der Mount Zion Award zu intensiver Arbeit für den Frieden führen wird.

Ich freue mich auf die Begegnung und auf das Ereignis. Mit vielen guten Wünschen und freundlichen Grüssen

Sumaya Farhat-Naser

Dalia Landau hatte zwei Jahre zuvor den Mount Zion Award erhalten und hatte daher die Aufgabe, auf mich als nächste Preisträgerin die Laudatio zu halten. Wir trafen uns und unterhielten uns mehrere Stunden, damit sie mich kennenlernen konnte. Dalia Landau führt zusammen mit ihrem Mann das sogenannte »Open House« in Ramla. Sie ist in diesem Haus aufgewachsen, dessen ursprüngliche Bewohner, die palästinensische Familie al-Chairi, 1948 vertrieben worden waren. Dalia Landau nahm mit den ehemaligen Besitzern Kontakt auf und beschloss 1991, das Haus den Kindern von Ramla zu stiften. Es ist heute ein anerkanntes arabisch-jüdisches Begegnungszentrum.

Eine Woche vor der Preisverleihung erhielt ich die Nachricht, dass Dalia es ablehne, die Laudatio auf mich zu halten, da sie mich nicht gut genug kenne. Ich erfuhr später, dass sie zu denen gehörte, die Druck ausgeübt hatten, damit der Preis geteilt wurde. Ihre Absage verletzte mich zutiefst, von einer Friedensfrau hätte ich so etwas nie erwartet. Ich bat sie um ein Gespräch, denn ich wollte das nicht hinnehmen. Wir trafen uns, und ich erklärte ihr, wie schmerzhaft ihr Rückzug für mich sei und dass ich ihn nicht verstehen könne. Ich sagte ihr auch, dass sie das Problem, mich nicht ausreichend zu kennen, sehr leicht hätte lösen können und dass ich es für eine Ausrede hielte. Vielmehr sei es doch so, dass sie noch nicht die Reife erreicht habe, zu akzeptieren, dass es unter den Palästinenserinnen und Palästinensern Friedensleute gebe. Und dass sie uns tief im Innersten immer noch als Anhängsel Israels empfinde und jede Aktion als Gnade der Israelis.

Es war ein sehr schwieriges, tiefes und trauriges Gespräch, in dessen Verlauf wir beide weinten. Doch danach waren wir erleichtert und hatten einiges voneinander gelernt. Für die Laudatio war es zu spät, denn sie hatte sich bereits einverstanden erklärt, diejenige auf Jitzhak Frankenthal zu halten. Meine Laudatio hat dann mein lieber Freund und Friedenspartner Pater Laurentius Klein gehalten, spontan, von Herzen und ohne Manuskript.

Zwei Jahre später war es dann an mir, die Laudatio auf einen der nächsten Preisträger des Mount Zion Award, auf Schmuel Toledano, zu halten.

Laudatio für Schmuel Toledano
*oder Ein Stück »Entfeindungsliebe«**

Als Professor Clemens Thoma mich bat, die Laudatio auf Schmuel Toledano zu halten, sagte ich sofort zu, da mir bewusst war, dass diese Aufgabe eine Ehre ist und Anerkennung bedeutet. Aber bald befand ich mich in einem Dilemma. Nicht weil ich, eine Palästinenserin, zugesagt hatte, einen Israeli für seine Friedensarbeit zu loben, sondern wegen der Ambivalenz, die sich zeigte, als ich mehr über die Stationen von Schmuel Toledanos Leben erfuhr – ein Widerspruch, der unsere Realität widerspiegelt. Eine Führungspersönlichkeit in der »Haganah« und im »Mossad« gewesen zu sein ist für einen Israeli ein stolzes und heldenhaftes Verhalten, aber die Palästinenser verstehen darunter, mitverantwortlich zu sein für Enteignungen, Verfolgung, Tod und Heimatlosigkeit.

Ich war besorgt und hatte Angst. Was würde mein Volk von mir denken? Kann ich einfach zur Seite treten und meine Augen verschliessen? Ich klappte die Unterlagen zu, atmete durch und fühlte einen tiefen Schmerz. Ich konnte mehrere Nächte nicht schlafen, und ich wagte es nicht, mit jemandem darüber zu sprechen. War es fair, die Aufgabe abzulehnen? Ich erinnerte mich daran, dass, als mir der Preis zwei Jahre zuvor verliehen worden war, meine Vorgängerin es abgelehnt hatte, die Laudatio auf mich zu halten. Vielleicht weil sie nicht bereit war, zu akzeptieren, dass es auch unter uns Palästinenserinnen und Palästinensern Friedenswillige

* Veröffentlicht in: *Neue Wege. Beiträge zu Christentum und Sozialismus.* Zürich, Februar 2000. 94. Jg. Nr. 2. S. 57–59.

gibt. Jene Ablehnung schmerzt mich noch immer, und gerade deshalb beschloss ich, es zu wagen, die Barrieren zu überwinden.

Ich muss diesen Schmerz, den ich spüre, aussprechen, ausdrükken, um die Verbindung von Schmerz und Freude zu erfassen! Ich muss mein Selbst ausdrücken – als Selbstverteidigung, zum Selbstschutz.

Ich beschloss, Schmuel Toledano im American Colony Hotel in Jerusalem zu treffen. Aufgeregt und voller Erwartung wollte ich jenen Mann vom »Mossad« kennenlernen, der nun Zivilist geworden war. Ich schaute mich um und versuchte herauszufinden, welcher der anwesenden Männer er sein könnte. Als ich es erraten hatte, als ich diesen Mann sah, im Alter meines Vaters, entspannt, Bier trinkend, machte ich einen Rückzieher. Wir sahen uns, blieben aber auf unseren Plätzen sitzen und warteten, bis wir einander vorgestellt wurden.

Ich erkannte, dass Schmuel Toledano ein Mann voller Leidenschaft und Weisheit ist. Ein Mann mit Erfahrung und facettenreicher Vergangenheit, voller Fairness und Offenheit. Wir tauschten uns über die Lektionen aus, die wir beide aus der Vergangenheit gelernt hatten, und je länger wir redeten, desto näher kamen wir uns. Wir entdeckten eine gemeinsame Basis und ähnliche Ansätze. Wir liessen Schmerz und Furcht zu und teilten sie miteinander, und ebenso die gemeinsamen Ziele und Hoffnungen. Wir empfanden Vertrauen, Respekt und Erleichterung.

Doch wie unsere sich ständig wandelnde Realität wurde auch dieses Gefühl erschüttert durch den Schock, von ihm zu hören, dass er an dem Kommando beteiligt gewesen war, das 1948 in dem Dorf Lubia eine Explosion verursacht hatte, bei der mehr als zwanzig Palästinenser getötet worden waren. Dies war einer von einer ganzen Reihe von Angriffen, die Panik und Angst vor der

Vernichtung verbreiteten und zur Vertreibung von Hunderttausenden aus ihrer Heimat Palästina führten. Aus seiner Perspektive war diese Operation zu jener Zeit notwendig und gerechtfertigt, im Namen von Befreiung und Unabhängigkeit.

Was für eine schizophrene Situation! Passiert uns so etwas nicht noch immer jeden Tag? Ich dachte an viele Freunde und Familienmitglieder, die gefoltert oder verstümmelt wurden oder ihr Leben verloren in den Auseinandersetzungen mit israelischen Kampftruppen, Soldaten und »Mossad«-Aktivisten im Kampf um Palästina. Ich stehe ganz eindeutig auf der Seite meines Volkes, das ich liebe und ehre.

Im Krieg bedeutet das Überleben der einen Seite für die andere Seite die Negation ihrer Existenz. Die Heldentaten und die Gewalt der einen bedeuten für die anderen Verbrechen und Terror. Die zugrundeliegende Ideologie ist eine Ideologie der Ausgrenzung und Zerstörung.

Wenn wir beschliessen, Frieden zu machen, muss sich die Ideologie wandeln; das Überleben der einen Seite ist gewährleistet, wenn das Überleben der anderen Seite ebenfalls garantiert ist. Gewalt ist Gewalt, und Terror ist Terror, ungeachtet, wer ihn ausübt und gegen wen. Niemals sollte Gewalt gerechtfertigt oder akzeptiert werden.

Die Geschichte lehrt uns immer wieder, dass Menschen, die Kriege führen, Friedensbringer werden, wenn sie sich zur Umkehr entschliessen – zu unserem Kummer meist erst, wenn viele Menschen ihr Leben verloren haben und beiden Seiten viel Leid zugefügt wurde. Können wir nicht einfach daraus lernen und die Katastrophe für unsere Völker vermeiden? Warum müssen vierzig oder fünfzig Jahre voller Hass und Krieg mit so viel Leiden und so vielen Opfern vergehen, bis wir weise werden? Welches sind un-

sere Pflichten und Verantwortlichkeiten gegenüber den kommenden Generationen?

Frieden kann nur erreicht werden durch gegenseitige Anerkennung des Rechts auf Existenz und Entwicklung und dadurch, dass dem anderen das zugestanden wird, was wir für uns selbst beanspruchen.

Lasst uns wenigstens respektieren, dass es zwei verschiedene Sichtweisen gibt! Ein neues Kapitel muss aufgeschlagen werden, und eine neue Sprache muss gesprochen werden. Stoppt die gegenseitigen Beschuldigungen, und hört auf mit der Sprache der Feindseligkeit wie »Blut an den Händen der anderen«. Wie steht es mit den Händen derer, die diese Worte verwenden? Sind sie sauber?

Wenn wir die Absicht haben, Frieden zu schliessen, müssen wir lernen zu vergeben. Wir dürfen niemals vergessen, aber wir sollten eine Versöhnung anstreben. Wir sollten uns denjenigen zuwenden, die Opfer der zerstörerischen und ausschliessenden Ideologie sind, denjenigen, die man glauben machte, sie seien Helden, den politischen Gefangenen; sie alle müssen wir um Vergebung bitten, weil wir zugelassen haben, dass militantes Denken sie irregeführt hat.

Erkennt die verschiedenen Sichtweisen, respektiert die bittere Realität, und geht vorwärts!

Erlauben Sie mir, Herr Toledano, über Ihren Vorschlag »Frieden in Schritten« nachzudenken. Ich finde ihn gut und mutig. Er enthält sehr positive Elemente. Aber es scheint mir notwendig, mit Ihnen über den Versuch zu sprechen, einander gegenseitig zu helfen, sich in die Lage des anderen zu versetzen.

Lassen Sie uns das Recht von Juden und Palästinensern auf Rückkehr in ihre jeweiligen Staaten anerkennen und respektieren, anstatt es nur für eine Seite anzuwenden.

Jerusalem als Ganzes gehört beiden Völkern. Keiner hat das Recht, es allein zu beanspruchen. Der Platz für ein sicheres Leben in Würde und mit Zukunftsperspektiven muss geteilt werden. Dies bedeutet, Sorge um das Wohl der Stadt und Liebe zur Stadt zu praktizieren. Menschen beider Völker sind die Bewohnerinnen und Bewohner dieser Stadt. Und wir müssen aufhören, ihre Rechte ethnisch und religiös zu definieren.

Die Verantwortung für das Leiden der anderen zu übernehmen legt den Grund für das Bekenntnis der Schuld, und das wird uns beide dazu befähigen, wahre Versöhnung zu beginnen. Die politische Versöhnung ist Grundvoraussetzung für eine soziale Versöhnung.

Schmuel Toledano ist beispielhaft in seiner Arbeit. Er hat erkannt, dass die herrschende Ideologie in Frage zu stellen und unsere Realität zu überdenken ist, durch Erziehung, durch Einbeziehung von Entscheidungsträgern, Militär, Studierenden, der Jugend und der Öffentlichkeit, und dass dies die effektivste Methode ist, um Verständnis und Frieden zu schaffen. Respekt begleitet diesen Mann, und sein Werk zeichnet sich aus durch seine Bereitschaft, zuzuhören und zu vertrauen.

Weil ich darstellen wollte, wie und warum Schmuel Toledano sich verändert und den Weg des Friedens eingeschlagen hat, hörte ich ihm zu und gewann folgenden Eindruck: Wenn man jeden Tag die Leiden der Menschen als Folge von Ungleichheit und Einschränkungen mitansehen muss, wenn man ihre Augen um Gerechtigkeit und Menschlichkeit flehen sieht, wenn man ihre Unsicherheit und Einschüchterung fühlt und wenn man dann die Freude und Dankbarkeit spürt, wenn ein Problem gelöst ist, so spiegelt sich diese Freude im eigenen Herzen wider, und man fühlt innere Freiheit und Befriedigung. In die Augen der anderen zu blicken fordert zum Handeln heraus. Liebe und Besorgnis um das eigene

Volk und Land drängen uns dazu, zusammenzuarbeiten für das Wohl beider. Frieden kann niemals durch Diktat oder mit Gewalt entstehen. Er muss wachsen aus der Überzeugung, dass dies der einzige Weg des Überlebens ist. Wir müssen es wagen, weil wir uns Sorgen machen!

Ich danke der Mount Zion Foundation, dass sie sich dafür eingesetzt, dass die Stimme von Schmuel Toledano Gehör findet – laut, klar und immer mehr. Danke Ihnen, Herr Toledano, für Ihre Arbeit, Ihr Zuhören, Ihre Geduld und Ihr Engagement.

Ich wusste nicht, dass Dalia Landau unter den Anwesenden war. Nach meiner Rede kam sie nach vorne zu mir, entschuldigte sich vor dem Publikum für ihr Verhalten vor zwei Jahren, und wir umarmten uns.

Gerechtigkeit und Frieden sollen sich küssen

In solchen Momenten besteht besonders im Zusammenhang mit der Friedensarbeit die Gefahr, vor Begeisterung und vor lauter überschwenglichen Gefühlen die fortbestehenden ungerechten Strukturen zu übergehen und die Untaten der Vergangenheit nicht aufzuarbeiten, sondern vergessen zu wollen. Aber aus falscher Harmonie, die auf Kosten der Opfer der Gewalt und auf Kosten der historischen Wahrheit geht, kann kein gerechter Frieden entstehen. Wie aber könnte ein Frieden ohne Gerechtigkeit von Dauer sein? Eine Begegnung mit einem internen Flüchtling aus einem zerstörten Dorf hat es mir deutlich vor Augen geführt: Ein Verständnis von Frieden, das die Realität ausser acht lässt, kann sogar dazu beitragen, Unrecht in der Realität aufrechtzuerhalten.

Im Rahmen unserer Seminare im Trialog palästinensischer, israelischer und deutscher Frauen luden Israelinnen und Palästinenserinnen aus den besetzten Gebieten und aus Israel die anderen Teilnehmerinnen an einen für sie wichtigen Ort ein, mit dem sie Verständnis für ihre Geschichte und Gegenwart wecken wollten.

Wir zeigten den Israelinnen unsere Altstadt von Jerusalem, und wir gingen gemeinsam durch die Gassen und auf die Mauer. Wir fühlten uns zu Hause, und die Israelinnen sahen uns vielleicht zum erstenmal als Teil dieser Stadt. Jedes Haus, jeder Stein hatte für uns eine Geschichte, die sie nicht kannten. Das verwirrte die Israelinnen, und sie empfanden die Last der Situation. Ja, wir alle spürten gemeinsam das Leiden und den Schmerz, die mit dieser Stadt verbunden sind. Eigentlich wollten wir gemeinsam ausgehen, die Stadt geniessen, uns an ihr freuen. Doch es war unmöglich, auch nur für einen Augenblick das Politische beiseite zu lassen, denn es traf uns unterschiedlich und teilte uns in Gewinnende und Verlierende. Menschlich leiden beide Seiten unter dieser Situation; wir müssen es wagen, das zu gestehen und die vielen Mauern zwischen uns wahrzunehmen.

Die Israelinnen wiesen auf die vielen israelischen Fahnen hin, die ihnen lieb sind, und wir sprachen von der Angst und Bedrohung, die für uns mit den Fahnen verbunden sind. Denn die Fahnen werden auf palästinensischen Häusern gehisst, die Israelis sich angeeignet und die sie uns weggenommen hatten. Für uns sind israelische Fahnen in der Altstadt von Jerusalem ein Zeichen des Verlusts. Einige der Israelinnen weinten; es war zuviel, was sie mit einem Mal erfahren mussten.

Sie hatten uns das Children's Memorial in Haifa gezeigt, eine Gedenkstätte für die im Holocaust ermordeten Kinder. Es war sehr beeindruckend, und wir hatten gute und ehrliche Gespräche. Was mich störte, war, dass wir von einer Palästinenserin, einer Studentin aus Galiläa, geführt wurden, die die grausamen Fakten auswendig gelernt hatte und sie wie ein Märchen erzählte, ohne die Atmosphäre des Grauens zu vermitteln und ohne den nötigen Respekt aufzubringen. Es war für sie eben nur ein Job. Die Verantwortliche erklärte, es sei Friedensarbeit, wenn man Palästinenser dazu gewinne, über den Holocaust zu berichten. Ich konnte dem so nicht zustimmen. Es nützte nichts, dass unsere Museumsführerin etwas auswendig gelernt hatte, um es herunterzuleiern. Es bedarf einer intensiven Auseinandersetzung und der Bereitschaft, sich mit Einfühlung und Verstand, mit Gefühl und Würde mit den Fakten zu befassen. Im Anschluss entstand eine sehr gute und tiefgehende Diskussion über den Holocaust und die Darstellung der Geschichte.

Die Palästinenserinnen aus Galiläa in Nordisrael organisierten für uns eine Rundreise durch Galiläa und den Besuch von zerstörten Dörfern, verbunden mit einem Treffen mit einem ehemaligen Bewohner von Saffûria. Saffûria ist eines der vielen Dörfer, die 1948 zerstört wurden. Viele der früheren Dorfbewohner waren getötet worden, die übrigen mussten fliehen. Der ehemalige Bewohner von Saffûria empfing uns in seinem Büro, aus dessen Fenster man auf das zerstörte Dorf in acht Kilometern Entfernung blicken konnte. An den Wänden hingen Bilder vom Dorf und von seinen Bewohnern und Bewohnerinnen.

Er erzählte mit Wehmut von der Zerstörung und der Vertreibung. Dann berichtete er, dass er vor einiger Zeit in einem Restaurant einen Mann getroffen habe, mit welchem er gute Gespräche geführt und dann einige Male zu Abend gegessen habe; schliesslich seien sie Freunde geworden. Irgendwann stellte es sich heraus, dass der neue Freund an der Zerstörung des Dorfes Saffûria beteiligt gewesen war. Heute sei er ein Mann des Friedens. Er engagiere sich, inzwischen alt geworden, unermüdlich an Mahnwachen und Friedensaktivitäten.

Ich sagte: »Hat er aufgehört, Täter zu sein? Ist er ein Mann des Friedens und dein Freund geworden, obwohl er dein Dorf zerstörte?« – »Ja«, sagte er, »er ist ein Friedensmann geworden, und wir müssen das anerkennen.« Die israelischen und deutschen Anwesenden waren sehr gerührt, dass die beiden so einfach und schnell Freundschaft geschlossen hatten. Es hatte den Anschein, als sei Frieden ganz einfach. Es schien, als müssten wir nur als gegeben akzeptieren, was geschehen war, das Unrecht hinter uns lassen und neu beginnen.

Ich sagte: »Hat er dafür gesorgt, dass du wieder ins Dorf zurückkehren und es wieder aufbauen kannst und dass ihr internen Flüchtlinge alle in eure Dörfer zurückgehen dürft?« Er antwortete: »Wir müssen anerkennen, dass er sich als Friedensmann einsetzt, mehr als ihr, die ihr kaum etwas über uns wisst und kaum etwas berichtet über unser Leid als Flüchtlinge im eigenen Land, nur einige Kilometer von unserem Dorf entfernt.« – »Ich respektiere, dass er eine Wende vollzogen hat«, wandte ich ein, »und ich finde das gut. Doch sei vorsichtig, und versuche, das nicht überzubewerten. Denn das ist der Fehler von uns Friedensleuten: Wir sind schnell begeistert und verlieren dabei leicht die harte, bittere Realität aus den Augen. Es ist wahr, wir wissen zuwenig über euch, und deshalb sind wir hier. Wir sind überladen mit unseren eigenen Problemen, und wir dachten, ihr seid besser imstande, über eure Situation zu berichten. Die Besatzung hat uns getrennt und aus uns Fremde gemacht.« Er sagte: »Mein Freund kann mit dem, was er damals tat, nicht fertig werden.« Ich entgegnete: »Unrecht einzugestehen ist der erste Schritt zur Versöhnung, aber als nächster Schritt muss folgen, dass er sich einsetzt und bereit ist, Verantwortung zu tragen. Gerade er kann aufdekken, was geschehen ist, und er kann die wahre Geschichte schreiben, die anders ist als jene in den Geschichtsbüchern. Wenn du nicht auf dieser praktischen Umkehr, der Taten folgen müssen, bestehst, dann kannst du ihm genausogut einen ›Friedenspreis für die Beteiligung an der Zerstörung des Dorfes Saffûria‹ verleihen.«

Ja, das war sehr hart, und es tat weh. Mein Kopf wollte platzen vor Migräne, und ich sprach mit verzerrtem Gesicht, meine Augen tränten vor Schmerz und Spannung. Es tat mir weh, zu sehen, dass es nicht genug ist, zu sagen: »Was gewesen ist, war brutal und ungerecht!« Man muss sich tatkräftig dafür einsetzen, dass Brutalität und Ungerechtigkeit aufhören, die in Israel weiterhin an den eigenen Bürgern verübt werden.

Auch diese Diskussion war wieder überaus spannungsgeladen, und ich erkannte die Bedeutung des intensiven Dialogs mit den Palästinensern in Israel, einem Teil meines Volkes.

Von allen vergessen
Palästinenserinnen und Palästinenser in Israel

In den Seminaren in Bremen, Würzburg, Jerusalem und Tabgha am See Genezareth, an welchen palästinensische Frauenorganisationen aus Israel teilnahmen, war uns deutlich geworden, wie wichtig der Austausch mit unseren »Schwestern« jenseits der Grünen Linie ist. Wie leben sie als Bürgerinnen Israels? Lehrreich wäre es, etwas über den internen palästinensischen Kampf für Frauenrechte zu erfahren.

Wir hatten zugelassen, dass die Besatzung uns trennte. Das wurde uns bewusst, als Suhâd, Rauja, Fida, Schahîra, Caramella, Aida, Nisrin, Nabîla und Hala uns ihre Geschichten erzählten. Zuvor dachten wir, sie lebten in Israel in Wohlstand und Ruhe und kümmerten sich nicht um uns Palästinenserinnen und Palästinenser in den besetzten Gebieten.

Und auch wir hatten uns nicht für ihre Lage interessiert. Wir erfuhren von ihren Schwierigkeiten, sich als Teil der israelischen oder palästinensischen Gesellschaft zu verstehen und erst recht sich dazwischen einzuordnen. Manchmal war es für sie einfacher, sich hier oder dort zuzuordnen, als zwischen Stuhl und Bank zu bleiben. Auf der Suche nach ihrer eigenen Position in der Gesellschaft und zwischen den Völkern hätten sie jedoch immer mehr eine eindeutig palästinensische nationale Identität entdeckt, erzählten die Frauen. Ihre Diskriminierung als Minderheit in Israel und die zunehmende Unterdrückung ihrer Volksangehörigen durch die Besatzung verstärkte ihre Verbundenheit mit den Palästinensern in den besetzten Gebieten.

Am internationalen Frauentag 1999 kam dieses neue Bewusstsein zum Ausdruck: Palästinenserinnen aus Israel organisierten mit israelischen Frauen zusammen eine Kundgebung im arabischen Ort Sichnîn. Anders als bisher, als nur hebräisch gesprochen wurde, beschlossen die Palästinenserinnen, diesmal ihre Reden in arabischer Sprache zu halten und sie anschliessend ins Hebräische zu übersetzen. Dazu sagten sie den israelischen Frauen: »Fünfzig Jahre lang habt ihr uns eingeredet, dass wir eure Sprache sprechen sollen, um euch zu verstehen und uns zu integrieren. Jetzt ist es an der Zeit, dass ihr uns in unserer Sprache anhört und euch bemüht, uns zu verstehen.«

Das »Jerusalem Center for Women« organisierte 1999 Treffen von palästinensischen Frauen aus dem Westjordanland und aus Israel, um die uns trennenden Themen und Lebensumstände auf die Tagesordnung unserer Friedensarbeit zu setzen. Wir wollten die Verschiedenheiten und mehr noch die Gemeinsamkeiten als Frauen und als Palästinenserinnen in einem diskriminierenden System bewusstmachen, uns austauschen und nach Lösungen suchen. Unter dem Titel »Begegnung und Aussprache« trafen sich fünfzehn Frauen aus palästinensischen Organisationen in Israel mit fünfzehn Frauen aus dem Westjordanland. Wir kamen im Februar 1999 für drei Tage in Ramallah zusammen; die Palästinenserinnen aus Israel übernachteten bei uns. Wir trafen uns im Juni ein zweites Mal für einen ganzen Tag in Haifa, dann im Jahr 2000 noch viermal im »Jerusalem Center for Women«. Für 2001 waren zwölf weitere Treffen geplant, deren Finanzierung bereits garantiert war. Nach Beginn der neuen Intifada mussten wir das Programm abbrechen.

Eine diskriminierte Minderheit

Heute leben in Israel mehr als eine Million Palästinenser. Von den meisten Israelis werden sie als »Araber« bezeichnet. Sie werden nicht als Palästinenser anerkannt, es wird keine Verbindung zu uns in den besetzten Gebieten hergestellt.

Als israelische Staatsbürger haben sie zwar offiziell die gleichen Rechte wie die jüdischen Bürger, sie sind aber dennoch nicht gleichgestellt. Sie dürfen – oder müssen – keinen Militärdienst leisten, wodurch viele Benachteiligungen legitimiert werden: Sie haben nur begrenzt Anspruch auf Stipendien, nur spärlich auf Ausbildungsförderung, und ihre Arbeitsmöglichkeiten sind erheblich eingeschränkt. Viele Rechte gelten nur für Leute, die ihren Militärdienst geleistet haben oder aus religiösen Gründen davon befreit sind. Selten werden palästinensisch-arabische Bürger in die Armee integriert, wo sie möglicherweise zu Einsätzen in den besetzten Gebieten aufgeboten werden müssten.

Die Diskriminierungen finden auf vielen Ebenen statt: Ein jüdischer Mann verdient 33 Prozent mehr als ein Palästinenser, eine jüdische Frau 28 Prozent mehr als eine Palästinenserin. 37,6 Prozent aller Palästinenser in Israel leben unter der Armutsgrenze.

In Israel gibt es für Palästinenser und für jüdische Israelis getrennte Schulen, was beiden Bevölkerungsgruppen grundsätzlich entgegenkommt. Es existieren aber grosse Unterschiede in den Budgets, in der Ausstattung der Schulen und bei den Möglichkeiten, die Schülerinnen und Schüler zu fördern. Das Budget für Lokalräte palästinensischer Gemeinden betrug lange Zeit nur die Hälfte dessen, was jüdischen Lokalräten zugesprochen wurde; auch heute erhalten sie noch erheblich weniger als ihre israelischen Kollegen.

In der Ausbildung gelten für Palästinenser spezielle Regeln. Sie können zum Beispiel bei der Reifeprüfung nur sieben von dreizehn Fächern wählen, während jüdische Israelis sieben aus zwanzig Fächern aussuchen können. Kein Wunder, dass 1996 nur 23 Prozent der Palästinenser ihre Prüfung erfolgreich abschlossen, während es bei den jüdischen Schülern 45 Prozent waren. Solche Diskriminierungen führen dazu, dass nur wenige palästinensische Schüler den Zugang zur Universität schaffen oder gute Arbeitsstellen erhalten.

In allen Schulen, auch in den palästinensischen, ist der Lehrstoff israelisch geprägt, denn er wird vom israelischen Ministerium kontrolliert: Palästinensische und arabische Kultur und Geschichte kommen kaum vor und werden in den Geschichtsbüchern nicht thematisiert; die nationale Identität der Palästinenser wird verschwiegen. In der gesamten Ausbildung stehen jüdische Geschichte und Kultur im Zentrum des Curriculums. Israel leugnet seine Multikulturalität und ignoriert seine Minderheiten. Palästinensische Schülerinnen und Schüler empfinden es als Entfremdung von ihrer eigenen Kultur und Geschichte, in der Schule viel über jüdische und fast nichts über die eigenen Wurzeln zu lernen.

Für palästinensische Frauen sind die Chancen, eine gute Ausbildung zu erhalten, noch schlechter. Obwohl die Mehrheit des Lehrkörpers an palästinensischen Schulen in Israel Frauen sind, gibt es kaum Schulleiterinnen. In der traditionellen palästinensischen Gesellschaft ist der Stellenwert der Schulbildung von Mädchen nicht hoch. Viele Mädchen werden schon in der Familie gegenüber ihren Brüdern benachteiligt; viele Eltern halten es für sinnvoller, in die Ausbildung eines Sohnes zu investieren als in die einer Tochter. Als Minderheit in einer dominanten Kultur halten viele palästinensische Familien an traditionellen Werten und Normen fest, um ihre Identität zu wahren. Diese Benachteiligung palästinensischer Mädchen durch die patriarchale Denkweise verstärkt ihre Diskriminierung als Palästinenserinnen in Israel zusätzlich.

Verweigertes Wohnrecht

Gemeinsam ist dem palästinensischen Volk in Palästina und in Israel, dass es durch ein Apartheidsystem unterdrückt und diskriminiert wird: Im Westjordanland und in Gasa leiden wir unter der Besatzung; in Israel werden Palästinenser als Minderheit ethnisch diskriminiert.

Nur ein Viertel der palästinensischen Bevölkerung des heutigen Israel war 1948, als der israelische Staat gegründet wurde, in ihren Dörfern und Städten geblieben. Bis 1966 unterlagen sie den restriktiven Bestimmungen der Militärverwaltung. Die übrigen drei Viertel sind ins Westjordanland, in den Gasastreifen oder ins benachbarte Ausland vertrieben worden, wo sie zum Teil noch heute in Flüchtlingslagern leben. Viele der in Israel verbliebenen Palästinenser wurden erst nach dem Krieg zu internen Flüchtlingen, weil ihre Dörfer zu militärischen Sperrzonen erklärt wurden. Viele wehrten sich dagegen vor Gericht, um mit demokratischen Mitteln ihr Recht zu erlangen, doch meist ohne Erfolg.

Mittlerweile leben mehr als 250 000 Palästinenser von ihren Dörfern getrennt in ganz Israel verstreut. Dorfgemeinschaften und Familienverbände sind zerstört worden. Manchmal sind ihre Dörfer nur einige Kilometer von ihrem Wohnort entfernt, sie dürfen jedoch nicht dorthin zurückziehen, weil die Dörfer noch immer als militärisches Sperrgebiet gelten. Nach und nach werden diese Dörfer jedoch alle zur Erweiterung benachbarter jüdischer Ortschaften genutzt. Die Bewohnerinnen und Bewohner des Dorfes Gabsîja zum Beispiel kämpfen seit über fünfzig Jahren mit demokratischen Mitteln für ihre Rechte, jedoch fast ohne Erfolg. Obwohl das Gericht entschieden hat, die Leute könnten ins Dorf zurück, verbietet ihnen das Militär, dies auch tatsächlich zu tun.

Ähnlich ist die Situation der Menschen von Ikrit und Birem, zwei Dörfern, die 1948 zu militärischem Sperrgebiet erklärt worden waren. 1951, nach Kriegsende, waren beide Dörfer zerstört. Seitdem kämpfen die Bewohner mit rechtlichen Mitteln um deren Rückgabe. Das Gericht sprach sich nach dreiundfünfzig Jahren, im Oktober 2001, endlich für die Rückkehr der Bewohner in die Dörfer aus, doch durfte auch dieser Gerichtsbeschluss nicht realisiert werden, mit dem Argument, es solle kein Präzedenzfall geschaffen werden, der als Anwendung des Rechts auf Rückkehr gedeutet werden könnte. Wenn erst den internen Vertriebenen das Recht auf Rückkehr in ihre Dörfer gewährt würde, so fürchtet die israelische Regierung vielleicht, würden es Hunderttausende ins Ausland vertriebene Palästinenser ebenfalls für sich beanspruchen. Ihnen gehört eigentlich das Land, doch die konfiszierten Ländereien werden als Staatsland eingestuft und für israelische Ortschaften innerhalb Israels genutzt. Aufgrund eines Beschlusses der Knesset vom Januar 2001 können diese Ländereien privatisiert werden, was bedeutet, dass die Palästinenser ihr Land für immer verlieren. Wäre es Staatsland geblieben, dann hätte im Rahmen einer Friedensverhandlung weiterhin die Möglichkeit bestanden, eine Lösung zu finden.

Es gibt palästinensische Ortschaften in Israel, die zwar weiterhin bewohnt werden dürfen, aber nicht anerkannt sind. Über vierzig Dörfer erscheinen auf keiner israelischen Landkarte, da sie nicht als wohnzonenkonform gelten. Sie sind der Raumplanung im Wege. Sie haben keinen offiziellen Status und sind damit fast vollständig von jeglicher staatlichen Unterstützung ausgeschlossen. Sie gehören zu keiner Gemeinde, erhalten keine infrastrukturellen Unterstützungen und öffentlichen Dienstleistungen wie Wasserversorgung, Elektrizität, Schulen und Gesundheitsversorgung. Diese gezielte Vernachlässigung soll zur allmählichen Auflösung der Dörfer führen. Einige wenige konnten sich das Recht auf ein Minimum an Unterstützung gerichtlich erkämpfen, die anderen leben im einundzwanzigsten Jahrhundert noch ohne diese grundlegende Infrastruktur.

Eine parlamentarische Gruppe aus Israelis und Palästinensern, das »Komitee für die Rechte der vierzig nicht anerkannten Dörfer«, engagiert sich bereits seit Jahren in Israel für diese Dörfer, doch mit geringem Erfolg. Neun davon sind durch die Gerichte anerkannt worden, jedoch nicht vollständig. Diese gerichtliche Praxis führt zu absurden Alltagssituationen.

Für den Bericht des UN-Komitees für soziale, ökonomische und kulturelle Rechte schrieben die israelischen Behörden im Jahr 1999, dass neun der Dörfer anerkannt werden sollen. Der ratifizierte Plan hat jedoch bei einem der Dörfer, bei Kammâna, vierzig Prozent der Bewohner ausgeschlossen. Das bedeutet, dass ein Teil des Dorfes nicht anerkannt bleibt, so dass die Bewohner gezwungen sind, von dort wegzuziehen, wodurch eine benachbarte jüdische Ortschaft erweitert werden kann.

Im Jahr 2000 entschied das Gericht, dass die Bewohner im nicht anerkannten Teil Spezialgenehmigungen erhalten, um in ihren Häusern wohnen zu dürfen. Dieses offizielle Niederlassungsrecht geniessen die Bewohner jedoch höchstens bis zum Tod ihres derzeitigen Familienoberhauptes. Die Gerichtsverhandlungen dauern an.

Doppelte Benachteiligung der Frauen

Die Palästinenser haben in der israelischen Politik nur begrenzten Einfluss. Nie ist bisher ein Palästinenser in Israel Minister geworden, und nie wurde eine palästinensische Partei zur Teilnahme an der Regierungsbildung angefragt. Darüber besteht in der israelischen Parteienlandschaft anscheinend ein Konsens von rechts bis links. Gesetzlich wäre es erlaubt, aber alle israelischen Regierungen waren sich bisher darin einig, dass es zwar arabische Abgeordnete im Parlament geben kann, diese jedoch keinen Zugang zur Regierung erhalten. In der Wirklichkeit der israelischen Politik steht ethnische Zugehörigkeit vor Demokratie.

Palästinensische Männer und Frauen, die in die Politik gehen wollen, unterliegen einer Sicherheitsprüfung: Sicherheitsbeamte untersuchen jedes einzelne Mitglied der Familie hinsichtlich der Zugehörigkeit zu einer politischen Partei, der politischen Aktivität, der Beteiligung an Kundgebungen und Demonstrationen. Dies schreckt die meisten Palästinenser ab und macht ihnen angst.

Genauso wie wir Frauen in den besetzten Gebieten sind palästinensische Frauen in Israel noch stärker benachteiligt als die Männer, weil sie unter den sozialen Strukturen der palästinensischen Gesellschaft und der patriarchalen Tradition leiden. Die palästinensische Frauenbewegung fordert die Frauen auf, in die Politik zu gehen, um etwas zu verändern. Den meisten ist dies aber nicht möglich: Sie gehen tagsüber ihrer Arbeit nach, am Abend müssen sie Familie und Haushalt versorgen.

Frauenfeindliches Verhalten traditioneller Familien wird von israelischen Behörden durchaus unterstützt. Die fortschrittlichen Frauenrechte der Israelinnen werden nicht auf Palästinenserinnen angewandt. So kann eine unverheiratete palästinensische Frau, die im Verdacht steht, eine Beziehung zu einem Mann zu haben und damit die Familienehre zu verletzen, nicht zur israelischen Polizei gehen, um Schutz zu suchen. Wenn sie es doch tut, schickt die Polizei sie zu ihrer Familie zurück und setzt sie dadurch unter Umständen sogar der Gefahr aus, getötet zu werden, damit die Familienehre gerettet ist. Die Behörden begründen diese Unterlassung damit, dass familiäre Gewalt gegen die Frau eine interne arabische Angelegenheit sei. Für jüdische Frauen, denen dasselbe passiert, existieren zivile Gesetze, die ihren

Schutz garantieren. Theoretisch gelten diese Gesetze für alle Bürgerinnen Israels, aber in der Praxis messen die Behörden mit zweierlei Mass. Laut internationalen Konventionen wie den Schlussdokumenten der Menschenrechtskonferenz von Wien 1992 und der Weltfrauenkonferenz 1995 gibt es keine kulturelle Relativierung der Menschenrechte; sie gelten uneingeschränkt für alle. Die Menschenrechte werden in der Demokratie Israels jedoch nicht für alle seine Bürger und Bürgerinnen gleich angewandt und respektiert.

Ringen um politische Strukturen

Interne Probleme der palästinensischen Gesellschaft

Die Palästinensische Autonomiebehörde PNA musste nach dem Osloer Abkommen immer mehr schmutzige Arbeit für die israelische Regierung übernehmen. Als Zeichen für ihren Friedenswillen verlangte die israelische Regierung, dass die PNA jeglichen Widerstand gegen den Friedensprozess und damit auch gegen die andauernde faktische Besatzungssituation im Keim ersticke. Die PNA sollte bekämpfen, was als Terror definiert wurde, und sie geriet so zunehmend selber in die Schusslinie.

Sie musste die Bevölkerung bitten, Geduld zu haben und ihr noch eine Chance zu geben, da es keine Alternative zum Friedensprozess gebe. Auf die zunehmende Kritik an ihrer Verhandlungstaktik und ihrer Regierungsweise reagierte sie mit Verhaftungen und Folter, Angriffen auf Leben und Eigentum. Diese Massnahmen richteten sich nicht nur gegen Anführer und Kämpfer islamischer Organisationen, sondern gegen jegliche Opposition, gegen alle, die sich gegenüber den Beschlüssen von Oslo kritisch verhielten. Betroffen waren zunehmend auch Journalisten und Parlamentarier. Die Palästinensische Autonomiebehörde verhielt sich auch zunehmend feindlich gegenüber Nichtregierungsorganisationen, die Rechenschaft über ihre Tätigkeit, über Demokratie und Respektierung der Menschenrechte forderten.

Einsatz für die Gleichberechtigung

Viele Menschenrechtsorganisationen und andere Nichtregierungsorganisationen bemühten sich, eine zivile, demokratische Gesellschaft aufzubauen. Vor allem die Frauenbewegung und so auch das »Jerusalem Center for Women« betrachteten es als ihre Aufgabe, hier mitzuwirken. Von Anfang an wandten wir uns auch internen Fragen zu, um langfristig die Basis für eine effektive politische Arbeit zu schaffen – entsprechend der Agenda der Frauenbewegung, zu der neben Parteifrauen und der Frauenunion der PLO auch parteiunabhängige Frauen gehörten. Wir waren gezwungen, auf verschiedenen Ebenen zu arbeiten. Durch unser Engagement für eine demokratische Gesellschaft und ein demokratisches Rechtssystem gerieten wir, wie viele andere Organisationen, oft mit dem politischen und rechtlichen System in Konflikt.

Als Frauenorganisation gehört es zu unseren Aufgaben, zusammen mit anderen Frauen für unsere Rechte in der eigenen Gesellschaft zu kämpfen. So führte das »Jerusalem Center for Women« von 1998 bis 2000 Trainings für Mediatorinnen und Multiplikatorinnen zum Thema »Erziehung zur Demokratie« durch. In diesen Kursen wurden Frauen dazu ausgebildet, andere Frauen in der Anwendung von Lösungsinstrumenten in sozialen und politischen Konflikten zu trainieren; dazu gehörte die Diskriminierung von Frauen.

An den Trainings nahmen Vertreterinnen von Frauenorganisationen, von Parteien und internationalen Organisationen sowie verschiedener Berufszweige aus den besetzten Gebieten teil.

Im Jahr 2000 starteten wir dann mit Studentinnen ein Trainingsprogramm zu Menschenrechten, das in Ramallah und Jerusalem durchgeführt wurde. Wir begannen mit Workshops unter dem Titel »Frauenrechte sind Menschenrechte« und wollten vier Gruppen aus verschiedenen Regionen ausbilden. Wegen der Kürzungen unseres Budgets infolge des Rückgangs von Spenden und der blockierenden politischen Situation konnte jedoch nur eine Gruppe den Kurs absolvieren. Im zweiten Block hätten Workshops zusammen mit »Bat Schalom« stattfinden sollen. Wegen des Ausbruchs der Intifada konnten die Trainings aber nicht fortgesetzt werden.

Ein grösseres Projekt betrieben wir in der Altstadt Jerusalems. Wir führten dort Kurse zu den gesellschaftlichen Rollen von Frauen, zu Kommunikation und Lobbying, zu Menschenrechten, Demokratie, Wahlen, aber auch zu Gewalt gegen Frauen und zu Frauenrechten durch. Ziel war es, das Bewusstsein der Frauen für Demokratie und Menschenrechte zu fördern. Schliesslich gründeten wir eine Gruppe, in welcher Frauen aus der Altstadt über ihre Probleme diskutierten und nach Lösungen suchten. Das »Jerusalem Center for Women« bot der Gruppe, in der sowohl muslimische Frauen wie auch Christinnen aus verschiedenen Kirchen vertreten waren, Unterstützung bei der Konzeption des Programms, bei der Finanzierung und Supervision. Da es PLO-Organisationen verboten ist, in Jerusalem Entwicklungsprojekte durchzuführen, waren die Probleme der Frauen in der Altstadt vernachlässigt worden. Als Nichtregierungsorganisation war es uns möglich, uns hier einzusetzen; der Bedarf schien gross.

Das »Jerusalem Center for Women« ist zudem seit vielen Jahren Mitglied des Palästinensischen Rates für Menschenrechte (Palestinian Council for Human Rights), in welchem Menschenrechtsverletzungen, die in der Verantwortung der israelischen Regierung begangen werden, ebenso untersucht und dokumentiert werden wie Menschenrechtsverletzungen durch unsere eigene Autonomiebehörde. Wir betrachten es als unsere besondere Aufgabe, auf Menschenrechtsverletzungen gegenüber Frauen hinzuweisen.

Machtspiele verhindern Demokratisierung

Die Frauen im Vorstand des »Jerusalem Center for Women« und im begleitenden politischen Komitee, die die Zusammenarbeit mit der israelischen Seite und die öffentlichen Verlautbarungen gutheissen mussten, waren meist führende Mitglieder politischer Parteien, die stets darauf bedacht waren, mit der Zustimmung ihrer Parteien zu handeln. Wir Mitarbeiterinnen des »Jerusalem Center« drängten wiederholt auf eine Öffnung des Vorstandes und auf eine Neuwahl des Komitees, aber Vorstand und Komitee wollten nichts davon wissen. Deshalb war es nicht möglich, weitere Kreise mit neuen Gedanken in die politische Verantwortung einzubeziehen, und ein Demokratisierungsprozess blieb aus. Diese mangelnde Beweglichkeit in den Strukturen des Zentrums behinderte zunehmend die Arbeit, die auf wenige Schultern verteilt blieb. Die Aufgaben hingegen wuchsen, und es wurde immer schwieriger, die Verantwortung für diese Situation zu tragen.

Die Parteifrauen in Vorstand und Komitee wollten die Aktivitäten im Sinne ihrer politischen Linie kontrollieren und waren dafür durchaus bereit, unliebsame Mitstreiterinnen zu schikanieren. Machtkämpfe zwischen den Gruppierungen waren an der Tagesordnung. Insbesondere gegenüber Aussenstehenden wurden Machtansprüche durchgesetzt. Vernünftige Frauen, die keiner Partei angehörten und die fähig gewesen wären, Verantwortung zu übernehmen, gingen einer Konfrontation aus dem Weg und zogen sich zurück, weil sie ohne den Schutz und die Unterstützung einer Partei einem zu grossen politischen und persönlichen Risiko ausgesetzt gewesen wären. Viele junge Frauen schreckten vor solchen Machtspielen zurück und befürchteten, bei einem Engagement im Rahmen der Aktivitäten des Zentrums bevormundet zu werden.

Deshalb fehlt es heute an neuen, jungen Frauen, die über Führungsqualitäten verfügen; es fehlt überhaupt an Nachwuchs aus der jungen Generation. Wenn das »Jerusalem Center for Women« eine politische und gesellschaftliche Zukunft haben soll, dann darf nicht länger die Parteizugehörigkeit für eine Position oder eine Aufgabe ausschlaggebend sein, sondern die Qualifikation einer Person. In den Strukturen des »Jerusalem Center for Women« zeigt sich beispielhaft der Mangel an Mechanismen und gesetzlichen Grundlagen, die für den Aufbau einer Zivilgesellschaft in Palästina gebraucht würden. Ein langer Weg ist noch zu gehen.

Erste Wahlen und ein Modellparlament

Es gab viel zu tun im Bemühen, ein demokratisches System aufzubauen. Unsere Gesellschaft war durch mehr als dreissig Jahre Besatzung und Widerstand geprägt. Eine Kultur des offenen Streites fehlte, und der Schutz für Individuen und die Meinungsfreiheit musste erst gesichert werden. Wir standen auf der ersten Stufe eines eigenen politischen Systems. Wie sollten wir die nächsten Schritte tun, wenn wir weiterhin durch Besatzung und fremde Gesetze, die Demokratie und Menschenrechte verhindern, gefesselt waren? Uns fehlte die Freiheit, unsere eigenen Gesetze zu entwickeln. Während all der Jahre der Besatzung galten für uns fünf verschiedene Gesetzgebungen, die uns von den verschiedenen Besatzern aufgezwungen worden waren. Israel wendet diese Gesetze weiterhin an, sofern sie seinen Interessen dienen. Türkische Gesetze sind teilweise noch in Kraft, die unter anderem die rechtliche Grundlage bieten, um Land zu konfiszieren. Es gelten noch aus der britischen Mandatszeit stammende Notstands- und Kriegsbestimmungen, die Deportationen, Verhaftungen ohne Anklage, Haussprengungen und ähnliche Massnahmen legalisieren. Im Westjordanland gelten ausserdem jordanische Gesetze aus der Zeit vor 1967, die patriarchale Strukturen, Sippendenken und autoritäre Herrschaft begünstigen. Im Gasastreifen gelten ähnliche ägyptische Gesetze. Zu diesem Konglomerat von Gesetzen wurden zusätzlich unzählige israelische Militärverordnungen erlassen.

Mit grosser Zuversicht hatten wir deshalb die ersten Parlamentswahlen unserer Geschichte erwartet und uns von ihnen einen grossen Schritt in Richtung Demokratie und Rechtsstaatlichkeit versprochen. Wir wussten allerdings, dass der gewählte Legislativrat sich bei der Erstellung von Gesetzen an Vorschriften würde halten müssen, die den Interessen Israels dienten, denn Israel hatte sich bei palästinensischen Gesetzen ein Vetorecht gesichert. Die ersten Wahlen für den Legislativrat und die Wahl des Präsidenten fanden am 20. Januar 1996 statt. Nur drei Monate standen zur Verfügung, um ein angemessenes Wahlsystem zu entwickeln. Sie waren geprägt von intensiven Diskussionen und der aktiven Beteiligung der Bevölkerung. Unter Berücksichtigung der geltenden Militärverordnungen, der Osloer Abkommen, der traditionellen Denkweise der Bevölkerung und angesichts fehlender gesetzlicher Strukturen mussten demokratische Werte und Vorstellungen zurückstehen. Wie führt man Wahlen durch, wenn man das vorher nie gemacht hat und weder Mittel noch Richtlinien für die Durchführung vorhanden sind? Zahlreiche Lücken und viele Fehler waren unausweichlich.

Die knappe Zeit und die unzureichenden Organisationsstrukturen für Versammlungen, für die Mobilisierung von Wählern und für die Verbreitung von politischen Programmen stifteten Verwirrung. Es war das Hauptanliegen der politischen Führung, dass überhaupt Wahlen stattfanden und damit der erste Schritt zur Selbstbestimmung getan war. Unter den gegebenen Umständen und in Anbetracht der Tatsache, dass es die ersten Wahlen waren, ging alles gut über die Bühne. Für die Massstäbe der Länder mit demokratischen Kulturen jedoch haben die palästinensischen Wahlen nur knapp den Ansprüchen genügt.

Das »Jerusalem Center for Women« engagierte sich zusammen mit anderen Frauenorganisationen für die Förderung von Kandidatinnen. Je näher der Wahltermin rückte, desto mehr Frauen wurden von den Wahllisten ihrer Parteien gestrichen, mit der Begründung, es stünden nur wenige Sitze zur Verfügung, die vorrangig den Männern überlassen werden müssten. Dieser Rückschlag führte vielen Frauen die bittere Realität vor Augen und zeigte ihnen die Notwendigkeit einer Frauenagenda. Frauenorganisationen und -komitees schlossen sich mit Menschenrechtsorganisationen zu einem Netzwerk zusammen und koordinierten die Aufgaben.

Ebenso viele Frauen wie Männer gingen an die Urne. Von gegen 700 Personen, die sich zur Wahl stellten, waren 28 Frauen, von denen nur fünf gewählt wurden. Die Frauen mussten erkennen, dass sie von den Parteien ausgenutzt worden waren. Das Netzwerk von Frauen- und Menschenrechtsorganisationen arbeitete nun erst recht intensiv weiter. Programme und Trainingskurse, Seminare und Workshops, Symposien und Konferenzen als Vorbereitung für die nächsten Wahlen wurden durchgeführt, die Stellungnahmen zu Gesetzesentwürfen, aktive Beteiligung an der Durchsetzung der Menschenrechte und Erlernen von Konfliktbewältigungsstrategien beinhalteten. Ausserdem wurden von zahlreichen Stellen und Institutionen rechtliche und soziale Beratung für Frauen und Hilfe bei seelischer und körperlicher Gewalt angeboten.

Eine direkte Antwort auf den Rückschlag, den wir bei den Wahlen erlitten hatten, war die Schaffung eines Modellparlaments. Wir wollten damit aufzeigen, wie ein Parlament, das demokratisch und geschlechtergerecht zusammengesetzt ist, nach unseren Vorstellungen aussehen müsste. Dieses Modellparlament wurde zu einem grossen Projekt, das sich über zwei Jahre erstreckte. Initiatorin war das »Frauenzentrum für rechtliche und soziale Hilfe«

(Women's Centre for Legal Aid and Counselling). Ein gewähltes Gremium von 88 Parlamentariern und Parlamentarierinnen, je zur Hälfte Männer und Frauen, überprüfte als Schattenparlament die Gesetzesentwürfe des Legislativrates auf die Einhaltung demokratischer Spielregeln, insbesondere auf die Gleichberechtigung von Frauen. Seine Aufgabe war es auch, alternative Entwürfe vorzulegen.

Im Zivilgesetz, Familienrecht und im Bürgerrecht werden Männer bevorzugt. Es herrscht die verbreitete Ansicht, dass der natürliche Platz der Frauen im Haus und in der Familie sei. Daher bestehe keine Notwendigkeit für Frauen, sich in der Wirtschaft, Bildung oder Politik zu betätigen. Diese Einsicht hat fast religiösen Charakter. Sobald Frauen Änderungen fordern, heisst es, dass es sich dabei um islamische Gesetze handle, um Scharia-Regeln. Viele Frauen akzeptieren diese Argumentation und verstummen. Diese Auslegung von islamischen Gesetzen bedarf jedoch der Erneuerung und Anpassung an die heutige Zeit. Fortschrittliche Musliminnen betonen, dass die Scharia von Menschen verfasst worden sei und deshalb angepasst werden könne und müsse.

Häufig wurde bei Gesetzesentwürfen auf solche alten Regeln zurückgegriffen, ohne zu berücksichtigen, was Frauen in Palästina geleistet haben. Nur ein konzentriertes gemeinsames Engagement von Frauen konnte wenigstens einige herbe Rückschläge verhindern. Als beispielsweise eine Verordnung erlassen wurde, dass Frauen für die Ausstellung eines Reisepasses die Erlaubnis ihres Ehemannes, Vaters oder Bruders benötigen, hat der Protest der Frauenbewegung diese Diskriminierung gestoppt. Die Frauenbewegung triumphierte, doch leider gelten noch viele solche Bestimmungen.

Das Modellparlament organisierte Veranstaltungen und Diskussionen, an welchen über alternative Gesetzesentwürfe diskutiert wurde. Als Grundlage diente die Arbeit der palästinensischen Juristin Asma Kader. Diese Diskussionen erregten grosse Aufmerksamkeit; viele bejahten die Anliegen des Schattenparlamentes, noch mehr lehnten sie aber ab und reagierten teilweise mit Empörung: »Was massen sich Frauen an, Stellung zu Gesetzesentwürfen des Parlaments zu nehmen?« Es gelang aber, die Bevölkerung für die Thematik zu sensibilisieren. Wir hatten dabei jedoch auch Fehler gemacht. So hatten die Organisatorinnen es versäumt, so weit als möglich auch Frauen aus den religiösen Gruppierungen und insbesondere Frauen der »Hamas«-Partei einzubeziehen. Ebenso wichtig wäre es gewesen, Frauen, die höhere Regierungsstellen innehatten, zum Schutz des Projektes miteinzubeziehen.

Die Frauenorganisationen schafften es durch intensives Lobbying, dem Legislativrat eigene Änderungsvorschläge vorzulegen, diese mit dem Parlament zu diskutieren und sogar deren Ratifizierung zu erreichen. Das war ein grosser Erfolg!

Als nächsten Schritt hätte Präsident Arafat diese neuen Gesetzesentwürfe unterschreiben sollen, damit sie Gültigkeit erlangten. Dies geschah jedoch nicht. Statt dessen wurden sie dem obersten Richter vorgelegt, damit er seine Meinung dazu äussere. Dieser, ein Vertreter einer konservativen Auslegung der Gesetze, lehnte die Vorschläge ab. Er hatte als Einzelperson die Macht, ein vom Parlament ratifiziertes

Gesetz abzulehnen! Dies ist ein Beispiel für den geringen Grad der Demokratisierung. Für den Präsidenten, der eine Konfrontation mit konservativen und fundamentalistischen Kräften vermeiden wollte, war dies ein Ausweg. Die Situation war für ihn brisant, da er sich in einer schwierigen und komplizierten Lage befand: Israel nutzte den Friedensprozess, um Arafat und die gesamte Palästinensische Autonomiebehörde in die Zange zu nehmen und unter Kontrolle zu halten. So hatten der Friedensprozess und die politische Befreiung für Arafat stets den Vorrang vor einem gesellschaftlichen und demokratischen Wandel.

Die Frauenbewegung führte aber zusammen mit fortschrittlichen Kräften im Parlament und mit Menschenrechtsorganisationen ihren Kampf für die Demokratisierung weiter und erreichte schliesslich, dass in Zukunft immerhin mehrere Richter gemeinsam über Gesetze entscheiden und nicht mehr nur ein einzelner. Dies war ein weiterer Schritt auf unserem Weg.

Verhinderte Kritik

Heute, fünf Jahre nach der Errichtung eines gesetzgebenden Parlamentes, existieren viele Gesetze und Verordnungsentwürfe, die das Leben in Palästina regeln und entwickeln sollen. Der Legislativrat hat sie ratifiziert, und der Präsident müsste sie bestätigen. Doch er ist dazu nicht willens. Müdigkeit und Enttäuschung über das Versagen des Friedensprozesses, wachsende Unzufriedenheit unter den eigenen Leuten und sein Verlust an Glaubwürdigkeit und Regierungsfähigkeit laugten ihn seelisch und körperlich aus. Es ist aber undenkbar, dass ein Mann wie er aufgibt oder die

Aufgaben an andere delegiert. Was ist zu tun? Alles deutet darauf hin, dass die neue Ära auch neue Menschen braucht und von neuen Menschen geprägt werden muss.

Der Legislativrat drängt und fordert, dass die Gesetze nach langen Monaten endlich Gültigkeit erlangen. Er wird an die Wand gedrückt. Beschlüsse werden gefasst, Urteile gefällt, aber die Exekutive erfüllt die Forderungen nicht, sondern bezieht ihre Macht und ihre Handlungsanweisungen allein vom Präsidenten, der sie kontrolliert.

In der Exekutive Palästinas sitzen vierunddreissig Minister, also eine ausserordentlich grosse Zahl politischer Entscheidungsträger für einen kleinen, noch nicht existierenden Staat. Diese scheinbar breite demokratische Struktur soll einflussreiche Kritiker zufriedenstellen und sie zum Schweigen bringen. Sippenwirtschaft und politische Loyalität bestimmen aber die Chancen auf eine Anstellung, auf Begünstigungen und Aufstieg. Ein solches System erschwert den Aufbau der Gesellschaft. Die Chancen für einen internen politischen und sozialen Frieden schrumpfen, Extremisten erhalten Zulauf, und damit wird auch ein wirklicher politischer Frieden mit Israel blockiert.

Angst macht den Menschen vor allem die Tatsache, dass in Palästina zwischen zwölf und sechzehn verschiedene Sicherheits- und Geheimdienstsysteme existieren. Nur Mitglieder der palästinensischen Führung und der israelische Sicherheitsdienst durchschauen diese Struktur und deren Ziele. Mit Härte kontrollieren die Sicherheitssysteme das Leben der Menschen und blockieren zunehmend eine auf dem Recht basierende demokratische Entwicklung. Die Mittel der Kontrolle reichen von Drohungen und Schlägen bis zu Gefangennahme und Folterung. Proteste und Forderungen nach rechtlicher Klärung und Verurteilung solcher Vorfälle sind nur begrenzt erfolgreich. Es fehlen transparente rechtliche Grundlagen für die Sicherheitssysteme, mit denen ihre Befugnisse und Mechanismen überprüft werden könnten. Wem ist geholfen, und wessen Sicherheit ist garantiert, wenn Palästina zu einem Polizeistaat wird?

Auf Anordnung Israels nahm im Frühling 1998 die Palästinensische Autonomiebehörde Imâd Awadallah, ein »Hamas«-Mitglied, fest und inhaftierte ihn im Gefängnis von Jericho. Trotz strenger Sicherheitsmassnahmen gelang es Imâd, aus dem Gefängnis zu fliehen. Seine palästinensischen Helfer waren Kollaborateure für Israel, die angeblich eine mysteriöse Implantation eines Senders am Körper von Imâd ermöglicht hatten. Als Imâd Kontakt zu seinem Bruder, einem »Hamas«-Führer, aufnahm und ein Treffen vereinbarte, war ein Kommando des israelischen Geheimdienstes zur Stelle, bombardierte das Versteck und tötete die beiden Brüder. Die Leichen sind der Familie bis heute nicht zur Beerdigung übergeben worden. Das palästinensische Sicherheitssystem war äusserst alarmiert über den Vorfall, während Israel Zweifel darüber verbreitete, ob die palästinensischen Sicherheitskräfte in der Lage seien, Gefangene tatsächlich gefangenzuhalten. Im Fernsehen sahen wir Ehud Barak und seine Regierung auf den geglückten Hinterhalt anstossen. Die palästinensischen Sicherheitskräfte umstellten das Haus der Brüder und verhängten eine mehr als zwei Wochen dauernde Ausgangssperre über die siebzigjährigen Eltern, Imâds Frau und ihre beiden sieben- und neunjährigen Kinder. Sie durften sich nicht am

Fenster zeigen, und nur einer Nachbarin war es erlaubt, sie zu besuchen.

Palästinensische Menschenrechtsorganisationen sowie Mitglieder des Legislativrates und andere führende Persönlichkeiten traten mit einer Reihe von Aktivitäten für die Respektierung der Menschenrechte der Familie ein. Die Kinder sollten die Schule besuchen dürfen und der Zugang zu Medizin und Nahrung ermöglicht werden. Warum wurden die Eltern, die Frau und die Kinder bestraft, den Eltern die Möglichkeit vorenthalten, um ihre beiden getöteten Söhne zu trauern, den Kindern ihr Recht auf Schulbesuch verweigert? Wir waren siebzig oder achtzig Personen, die in friedlichem Protest die Gewährung der Menschenrechte für die Familie verlangten und uns gegen Kollektivstrafen für die Familie wehrten. Als wir uns dem Haus näherten, sahen wir unzählige, unterschiedlich uniformierte palästinensische Polizisten, welche die Strasse in eine Polizeistation verwandelten. Sie umstellten das Haus, besetzten das Dach, den Balkon, die Dächer der Nachbarhäuser. Kaum waren wir angekommen, stürmte eine Gruppe von bewaffneten Zivilpersonen und Uniformierten auf uns zu und griff uns mit brutalen Schlägen an, verhaftete Journalisten und zerstörte deren Kameras. Ein Parlamentarier bat um Besonnenheit und zeigte seinen parlamentarischen Ausweis. Einer der Polizisten warf einen Blick darauf und schlug noch heftiger zu. Eine Gruppe in einer anderen Uniform schrie: »Aufhören!« Dann begann ein Streit zwischen den Uniformierten und den bewaffneten Zivilisten der Geheimdiensttruppen, Schüsse fielen, und es artete beinahe in bewaffnete Kämpfe aus.

Es war das erste Mal, dass ich die Brutalität meiner eigenen Leute erlebte, nicht als Gewalt von einzelnen, sondern als System, und plötzlich waren sie für mich wie israelische Soldaten. Es war mir fast nicht möglich, sie als meine eigenen Leute zu betrachten. Ich erkannte die Universalität der Methoden und der Praxis der Unterdrücker. Ich empfand dieselbe Angst vor ihnen wie vor dem israelischen Geheimdienst. Sogar der Ausdruck in den Augen der Geheimdienstleute, die Absage an menschliche Gefühle, der umfassende Vernichtungsdrang gegenüber Andersdenkenden schien mir in beiden Systemen gleich. Ich erkannte unter den Polizisten ehemalige Studenten von mir, auch Mitstreiter und Aktivisten, mit denen ich in der ersten Intifada auf den Strassen und in den Nachbarschaftskomitees zusammengearbeitet hatte. Ich flehte sie an, Vernunft anzunehmen, und wies darauf hin, dass wir alle für dasselbe kämpften. Ich sagte ihnen, ich wisse, dass sie eigentlich wunderbare Menschen seien, Kämpfer für Gerechtigkeit und Freiheit. Einem, den ich von früher her sehr schätzte, sagte ich: »Was ist aus dir geworden? Wieso lässt du zu, dass man dir deine Seele verkrüppelt und dich deiner eigenen Entscheidungsfreiheit beraubt? Ist es das, wofür wir unser Leben lang gekämpft haben? Folge in deinen Handlungen deinem Gewissen, und überprüfe die Befehle!« Zusammen mit anderen Frauen drängte ich mich zwischen die Kämpfenden und bat sie um Vernunft. Ein Blutbad konnte nur knapp vermieden werden.

Der Legislativrat forderte nach diesem Ereignis eine gerichtliche Untersuchung und klare Richtlinien, um solche Vorfälle zu verhindern und den Schutz jedes Bürgers und jeder Bürgerin zu garantieren. Der Präsident persönlich sorgte dann für die Beruhigung der Lage und die Aussöhnung aller Beteiligten.

Nicht nur auf der Strasse, sondern auch im Parlament war Kritik nur bis zu einem gewissen Grad möglich. Ein Parlamentarier, der 1999 die rote Linie überschritten hatte, indem er Rechtsstaatlichkeit, Transparenz in den Regierungsgeschäften und Rechenschaft der Entscheidungsträger forderte, wurde von den palästinensischen Sicherheitskräften tätlich angegriffen.

Als daraufhin zwanzig Parlamentarier und führende Persönlichkeiten des Landes eine Petition verfassten und die Palästinensische Autonomiebehörde, allen voran Arafat selber, aufforderten, etwas gegen solche Übergriffe zu tun, die Korruption zu bekämpfen, Transparenz zu schaffen, Rechenschaft über ihre Arbeit abzulegen und die Verhandlungen mit Israel zu überdenken, wurden auch sie verhaftet oder massiv eingeschüchtert. Die meisten sahen sich gezwungen, ihre Haltung zu widerrufen und im Rahmen einer Parlamentssitzung ihre Loyalität zu erklären. Die palästinensische Führung war entschlossen, das bisher im Friedensprozess Erreichte um jeden Preis positiv darzustellen – schliesslich beruhte ihre Macht darauf. Sie liess wenig Raum für innere Auseinandersetzungen, der nationale Kampf hatte Vorrang vor dem Demokratisierungsprozess.

Ausbruch der al-Aksa-Intifada

Als die Besatzung, die neu geschaffenen Fakten zugunsten Israels, die Demütigung des Volkes und seiner Führung und die Menschenrechtsverletzungen nicht mehr erträglich waren, sah sich die Palästinensische Autonomiebehörde vor die Wahl gestellt.

An den Gesprächen in Camp David hätte Präsident Arafat erneut auf jegliche territorialen Ansprüche der Palästinenser, auf einen souveränen Staat Palästina und auf Ost-Jerusalem als Hauptstadt verzichten sollen. Als die palästinensische Delegation die Frage des Rückkehrrechts ins Spiel brachte, landete man in einer Sackgasse, und die Verhandlungen scheiterten. Seit Ende September 2000 herrscht bei uns nun Kriegszustand.

Der Aufstand, die al-Aksa-Intifada, hat Freiheit und Unabhängigkeit zum Ziel. Er begann mit friedlichen Demonstrationen und Kundgebungen und wurde durch die bewusste Provokation Ariel Scharons ausgelöst, der, vier Monate vor seiner Wahl zum Ministerpräsidenten, muslimische Stätten in Ost-Jerusalem besuchte. Diese Brüskierung aller Palästinenser wurde zum Funken im Pulverfass. Es kam zu bewaffneten Angriffen. Die israelische Regierung setzt gegen den Aufstand Kampfflugzeuge, Panzer und Raketen ein und lässt politische Führer der Palästinenser ermorden. Hunderte von Zivilisten werden getroffen. Ziel ist es, die palästinensische Infrastruktur zu zerstören, den Willen der Menschen zum politischen Überleben zu brechen und die Palästinensische Autonomiebehörde zur Kapitulation zu zwingen.

Die Bewegungsfreiheit ist eingeschränkter denn je, es herrscht eine interne Sperre. Alle Städte und Dörfer sind voneinander getrennt, Siedlungsbau und Landraub gehen weiter. Häuser werden zerstört, riesige Flächen Agrarland mit Bulldozern vernichtet oder beschlagnahmt; die Siedlungen werden zu Festungen ausgebaut und die palästinensischen Wohnorte in eingemauerte Gefängnisse umgewandelt. Hunderte von Häusern im Raum Bethlehem wurden bombardiert, die Familien leben in Zelten. Die Brutalität hat drastisch zugenommen, gezielte Schüsse in die Brust oder in den Kopf – regelrechte Hinrichtungen – sind alltäglich geworden.

Von unserem Haus aus hören wir die Hubschrauber und warten jeweils voller Angst auf die bevorstehenden Angriffe. Die Geschosse schlagen meist in acht bis zehn Kilometer Entfernung von Birseit ein. Per Telefon oder am Fernseher erfahren wir dann, wen sie getroffen haben. Bislang sind acht Freunde meines Sohnes Anîs getötet worden. Wir rufen ihn täglich in Österreich an und versuchen ihn zu trösten. In drei Monaten war ich an achtundzwanzig Beerdigungen. Die psychischen Schäden bei Kindern und Erwachsenen sind unermesslich.

Gott ist gross

Am 6. Februar 2001, dem Tag der Wahlen in Israel, nahm ich an einer Demonstration in Ramallah teil. Sie endete am Konfrontationspunkt an der City-Inn-Kreuzung, am Nordausgang von al-Bîreh, der Zwillingsstadt von Ramallah. Dort verläuft die Grenze zwischen den *Zonen A* und *C,* dort enden die Strassen und stehen stets Soldaten und Panzer.

Die Soldaten schossen Gasbomben und Gummigeschosse mit eisernem Kern auf die mehreren hundert Demonstrierenden, und die Jugendlichen warfen Steine. Dies ist eine Szene, die sich oft wiederholt und mir das Gefühl vermittelt, es gäbe Regeln wie in einem Spiel: Zwei oder drei Militärjeeps rücken plötzlich vor, werfen Granaten, schiessen und weichen schnell unter einem Hagel von Steinen zurück. Die Jugendlichen gehen in die Hocke. Einige werden getroffen, andere laufen herbei, um sie zu bergen, rufen nach Ambulanzen, tragen die Verwundeten weg. Mit heulenden Sirenen fahren die Ambulanzen weg. Dann wendet man sich wieder dem Kampfplatz zu, die Soldaten warten ab. Die Jungen beginnen mit den Steinen auf die zu Barrikaden aufgerichteten Autos und Blechreste zu klopfen. Das Klopfen wird immer lauter, geht in einen speziellen Rhythmus über, durch den sich die Soldaten provoziert fühlen. Sie steigen in ihre Jeeps, rücken wieder vor, schiessen und versuchen einen schnellen Rückzug. Die Steine fliegen, und die Aufforderung, näher zu kommen, wird auf beiden Seiten lauter, bis mehrere auf einmal angeschossen oder erschossen werden.

Als das »Spiel« eine Pause einlegte, trat ich näher und half beim Bergen der Verletzten. Ich sah ganz vorne eine Frau, die Eimer um Eimer mit Steinen füllte und den Jugendlichen brachte. Ich sagte ihr, sie solle aufhören und die Jungen nicht ermutigen. Sie schaute mich an und sagte: »Ich will ihnen helfen, ich will sie schützen. Vor zwei Monaten war ich nicht da, da haben sie meinen zweiten Sohn erschossen. Ich komme jeden Tag hierher.« Sie war vom Flüchtlingslager Dschalasun ein paar Kilometer weiter.

Plötzlich schoss ein Palästinenser ein Projektil. Auf unserer Seite gilt ein strenges Schiessverbot, da die israelischen Soldaten als Reaktion sofort quer durch die Reihen feuern. Wer schiesst, gilt als Kollaborateur, der ein Chaos verursachen und mehr Opfer will. Also stürzten sich alle auf den Palästinenser, der trotzdem geschossen hatte, und eine brutale Prügelei begann. Ich stand dazwischen, bekam mehrere Schläge ab; keiner wusste mehr, gegen wen er kämpfte. Die israelischen Soldaten schauten gelassen zu. Als ich mich und andere in Gefahr sah, zertrampelt zu werden, rief ich aus voller Kehle: »Allâhu akbar, Allâhu akbar! Gott ist gross!« Dieser Hilferuf bringt die Menschen zur Besinnung und ermahnt zu Gottesfurcht. Es ist ein Anruf, der in der islamischen Kultur als Bitte um Beistand Gottes, als Quelle von Kraft in Notsituationen verstanden wird. Ich schrie, und plötzlich entflocht sich der Knäuel der Prügelnden, und sie steuerten vorwärts in Richtung der Soldaten. Der, der geschossen hatte, wurde von der palästinensischen Polizei verhaftet; er wird vor Gericht gebracht werden. Damit war eine Situation, die blutig hätte enden können, mit einem einzigen Satz entschärft worden: Allâhu akbar.

Einige Leute am Strassenrand erkannten mich und fragten verwundert: »Was hast du getan?« Ich sagte: »Gott ist für alle da, erst recht, wenn er Menschen rettet. Auch als Christin gelten für mich diese Worte.« An diesem Tag hatte es an diesem Ort zwei Tote und über dreissig verletzte Palästinenser gegeben.

Die physische Gewalt, die viele von uns als Besetzte erlebt haben, hemmt unseren Weg in eine zivile, friedliche Gesellschaft. Die meisten jungen Männer waren einmal oder mehrmals inhaftiert, viele wurden gefoltert. Der seelischen und körperlichen Verletzungen wegen sind sie zu konsequentem Widerstand gegen die Besatzer bereit; die Gewalt, die sie erleben mussten, macht sie nur noch entschlossener. Zugleich schliessen diese Erfahrungen bei vielen die Möglichkeit aus, die Sicht der anderen kennenlernen zu wollen. Gewalt bestimmt ihr Leben, normaler Alltag ist ihnen fremd, eine gedeihliche Entwicklung als Kinder und Jugendliche undenkbar. Ihr Lebensgefühl ist von Perspektivlosigkeit, Arbeitslosigkeit und Ausbeutung geprägt. Die Schliessung der Schulen und Universitäten nimmt ihnen die Möglichkeit, sich auf ein halbwegs normales Leben vorzubereiten. Die Kinder beginnen zu rebellieren und werfen der Generation ihrer Eltern vor, versagt zu haben. Sie wollen nun die Führungsrolle in der Gesellschaft an sich reissen, ohne jedoch über die Erfahrung erwachsener Menschen zu verfügen. Die andauernden Schikanen und Demütigungen, der Verlust von Menschenrechten, die Einschränkungen im Alltag verhindern oft einen realistischen Bezug zur Wirklichkeit. Viele dieser jungen Menschen leben in ständiger psychischer Anspannung. Depressionen und psychosomatische Krankheiten, insbesondere Verfolgungswahn, kommen häufig vor. Besonders Kinder sind gefährdet, durch das Aufwachsen in einer solchen Gewaltatmosphäre chronisch krank zu werden. Kinder, die schon früh die Machtlosigkeit und Verwundbarkeit ihrer eigenen Eltern erleben, neigen dazu, eine rein negative Haltung gegenüber der Welt einzunehmen.

Es herrscht Krieg
Bruch der Zusammenarbeit?

Die Palästinensische Autonomiebehörde verfügt über kein eigenes Militär, sondern über Polizisten, die ihre Waffen von Israel bekommen haben, um die Sicherheit, vor allem der Siedler, zu gewährleisten. Die Mehrheit der Bewaffneten sind in der »Fatach«-Partei organisiert, die zusammen mit anderen Parteien die PLO ausmacht. Doch gibt es einige Aktivisten, die deren Befehle nicht befolgen und eigenständig handeln. Die Kämpfer der islamischen Front stehen ohnehin ausserhalb der PLO und gehören vorwiegend der »Hamas« und dem »Islamischen Dschihâd« an. Sie nehmen keine Befehle von Arafat an und lehnen den Friedensprozess prinzipiell ab. Es sind kleine Gruppen, aus deren Reihen die Selbstmordattentäter kommen, die sich selbst als Märtyrer sehen. Die Wirkung ihrer Aktionen auf die israelische Gesellschaft und auf das politische System überhaupt ist verheerend. Sie verstärken die tiefe Angst in jedem und jeder Israeli und lassen die Menschen, auch die Kinder, unter ständiger Bedrohung leben. Eine Situation, die man niemandem wünschen darf.

Die gleiche Angst und die gleiche Gefahr erleben wir Palästinenser. Unter Besatzung und ohne den Schutz des Gesetzes wird der Respekt vor Menschenleben mit Füssen getreten und der Glaube an den Frieden zerstört. Die von Palästinensern verübten Attentate treffen mich zutiefst und schmerzhaft und machen mir angst. Ich habe Angst, dass dieses Verhalten in meiner Gesellschaft zur Norm werden könnte. Ich weiss dann oft nicht, wie ich mich verhalten soll. In den ersten Jahren der Zusammenarbeit mit israelischen Frauen brachten solche Attentate wie auch die Tötung von Palästinensern durch israelisches Militär oder durch Siedler unsere Zusammenarbeit jeweils zum Stillstand. Wir wollten einander weder sehen noch sprechen. Mit der Zeit einigten wir uns jedoch darauf, dass wir uns anrufen, wenn etwas passiert. Wie oft riefen Daphna, Gila oder Terry und ich einander an! Es wurde uns dann jeweils klar, dass es derselbe Schmerz ist, den wir fühlen, dieselbe Trauer. Wir liessen uns von solchen Rückschlägen nicht beirren, sondern beschlossen, noch enger zusammenzuarbeiten. Meist genügte eine Woche Abstand, dann konnten wir uns wieder treffen. Oft schrieb ich Terry einen Brief und drückte mein Beileid aus, wenn israelische Zivilisten getötet worden waren.

Einmal wurde ein israelischer Jugendlicher, Ofir Rachum, per E-Mail von einem palästinensischen Mädchen zu einem Rendezvous gelockt. Dieses lieferte ihn an eine Kämpfertruppe aus, die ihn kidnappen wollte, um Israel zu erpressen. Als der Junge wegzulaufen versuchte, schossen sie ihm ins Bein. Aus der gegenüberliegenden Siedlung beobachteten Siedler oder israelische Soldaten den Schuss und eröffneten das Feuer, ohne zu wissen, worum es ging. Sie trafen den israelischen Jungen tödlich. Bei der Obduktion fand man mindestens drei verschiedene Geschosstypen. Dennoch wurden nur die Palästinenser für den Tod des Jungen verantwortlich gemacht. Sie wurden mit mehrfach lebenslänglichen Gefängnisstrafen belegt. Im Falle einer Amnestie entfällt nur eine lebenslange Strafe, die anderen

Strafen bleiben bestehen, wodurch garantiert ist, dass der Gefangene nie entlassen wird. Nach seinem Tod wird die Leiche nicht der Familie übergeben, sondern auf einem speziellen Friedhof mit numerierten Gräbern bestattet.

Der israelische Jugendliche Ofir Rachum hatte offenbar entgegen aller Widerstände eine Palästinenserin kennenlernen und Vertrauen zwischen den beiden Völkern aufbauen wollen. Und dann fand er bei uns den Tod. Ich dachte bei dieser Geschichte an meine eigenen Kinder und dass ihnen etwas so Schreckliches geschehen könnte. Ich schrieb darauf Terry einen Brief und gab meinen Gedanken und meiner Trauer Ausdruck. In ihrer Antwort sprach sie mir aus der Seele, herzlich, vertrauensvoll, dankbar und gerührt. Es stärkt uns, einander auch im Schmerz begegnen und gemeinsam trauern zu können.

Angriffe in Ramallah

Als ich am 12. Oktober 2000 im Büro die Nachricht vernahm, zwei Männer des israelischen Geheimdienstes seien in Ramallah gefangengenommen worden, machte ich mich sofort auf den Heimweg. Die Atmosphäre war ohnehin sehr angespannt, da am Tag zuvor Issâm Hamâd Dschûdeh, der von Siedlern aus Halamisch bei Birseit gekidnappt worden war, beerdigt wurde. Man hatte ihn mit verbrannten Händen, zerschmetterten Knochen und gebrochenem Genick gefunden. In Ramallah fand ein Trauerzug statt, der zu einer Volksdemonstration gegen die Brutalität von Siedlern wurde, vor denen uns niemand schützte. Zwei Mustaaribîn – Geheimagenten, die sich wie Araber kleiden und sich als Araber ausgeben – waren angeblich in der Nähe des Trauerzuges erkannt worden, und in ihrem Wagen fand man Waffen und Handgranaten. Die Anwesenheit der beiden Geheimagenten versetzte die Massen in Wut und Panik, und wie ein Lauffeuer verbreitete sich die Nachricht, die beiden seien gekommen, um den Trauerzug anzugreifen. Weshalb sonst waren sie in die *A-Zone* eingedrungen, zu welcher den israelischen Soldaten der Zutritt verboten war? Einige junge Menschen packten sie und begannen sie zu verprügeln. Es war vorauszusehen, dass sich Wut, Verbitterung und Hass auf die beiden entladen würde. Die palästinensische Polizei kam sogleich und nahm die beiden Mustaaribîn aufs Polizeirevier, um sie zu retten. Es war ein kleiner Posten von nicht mehr als fünfzehn Polizisten. Sie verständigten die israelischen Behörden über den Vorfall und bereiteten die nötigen Schritte zur Auslieferung vor. Doch die wütenden Massen stürmten die Polizeistation, lynchten die beiden Israelis und warfen einen der Toten aus dem Fenster. Die brutale Szene wurde von einem Kollaborateur gefilmt und in den folgenden vierundzwanzig Stunden alle paar Minuten im israelischen Fernsehen wie auch von amerikanischen und europäischen Sendern ausgestrahlt.

Die andere Seite blieb unsichtbar. Die Rufe nach Vernunft, Menschlichkeit und Erbarmen mit den beiden Mustaaribîn wurden nicht gezeigt. Diese Stimmen waren dem filmenden Kollaborateur und auch den Journalisten nicht wichtig.

Die Medien haben erreicht, dass die Brutalität der wenigen Täter als Merkmal auf das ganze palästinensische Volk übertragen wurde, genauso wie das Wort »Terror« bewusst und systematisch in den Gedächtnissen verankert wurde, als sei Terrorismus eine Eigenschaft der Palästinenser. Ohne Differenzierung und ohne den Kontext miteinzubeziehen, wurde mit diesem Stempel das Feindbild zementiert. Hinrichtungen und Lynchmorde sind kriminelle Akte ersten Grades, die verurteilt und bekämpft werden müssen, egal wer sie an wem verübt. Sie zu verschleiern oder sie zu rechtfertigen ist ebenso kriminell. Doch die israelische Reaktion war nicht weniger fragwürdig.

Bald schon kreisten israelische Helikopter über unseren Köpfen; die Warnung vor einem Angriff wurde verbreitet. Bewaffnete palästinensische Sicherheitskräfte bezogen an allen Ecken Stellung und forderten die Menschen auf zu verschwinden. Das Gerücht ging um, das Hauptquartier von Arafat solle zerbombt werden. Dort befindet sich auch das Hauptgefängnis, wo Hunderte von Oppositionellen zusammen mit kriminellen Gefangenen inhaftiert sind. Um ihr Leben zu schützen, wurden sie alle freigelassen. Es dauerte dann Wochen, sie wieder einzufangen, und einige blieben bis heute verschwunden.

Ich war erleichtert, als ich es geschafft hatte, heil nach Hause zu kommen. Doch dann entdeckte ich, dass meine Tochter Hala nicht zu Hause war. Bald darauf rief sie an, sie habe sich bei einer Freundin versteckt, weil sie nicht wusste, wie sie heimkommen sollte. Sofort machten wir uns auf den Weg nach Ramallah, um sie zu holen. Wir ahnten Schlimmes und befürchteten eine totale Sperre, während welcher sich tagelang niemand ausser Haus begeben darf.

Hala war noch in der Schule gewesen, als die israelischen Helikopter die erste Polizeistation bombardierten. Alle Schülerinnen und Schüler schrien voller Panik auf, als durch die Detonation die Scheiben des Klassenzimmers in die Brüche gingen. Dann waren sie weinend weggerannt, und Hala hatte sich ihrer Freundin angeschlossen.

Die ausländischen Studierenden an der Universität Birseit kamen in Panik zu unserem Haus. Wir versuchten, sie zu beruhigen, in Birseit werde ihnen nichts passieren. Mehrere Konsulatsvertreter holten ihre Studierenden ab, um sie zu evakuieren. Das verdeutlichte uns den Ernst der Lage, und unsere Angst wuchs.

Die Helikopter kreisen zu sehen war ein Erlebnis, das vielen Kindern zum Alptraum wurde. Wir standen mit den verbliebenen ausländischen Studierenden und vielen Bewohnern von Birseit zusammen und blickten in Erwartung des Angriffs nach Ramallah. Immer wieder sahen wir es aufblitzen, und die Leute begannen zu zählen. Bei sieben oder acht erfolgte die Detonation. Über Telefon und aus dem Fernsehen erfuhren wir, dass drei verschiedene Polizeistationen getroffen worden waren. Es gab mehrere Tote und Verletzte.

Inzwischen gehört die Bombardierung von Häusern und palästinensischen Polizeistationen zu unserem Alltag. Wie soll ein Sicherheitssystem weiterfunktionieren, wenn seine Infrastruktur zerstört ist? Die Polizeikräfte fürchten um ihre Arbeitsstellen und sind stets in Alarmbereitschaft. Morgens, wenn ich jeweils durch Ramallah zur Arbeit fuhr, sah ich oft Gruppen von Menschen mit Decken unter dem Arm aus den Tälern heraufkommen; sie hatten aus Angst vor nächtlichen Bombenangriffen im Freien geschlafen. So erlebten wir die israelische Reaktion auf den Lynchmord an den beiden israelischen Sicherheitskräften.

Warum habt ihr zugewartet?

Als ich nach dem Lynchmord eine Pressemitteilung von »Bat Schalom« erhielt, freute ich mich zunächst darüber, dass der Kontakt weiterhin bestand. Als ich aber den Text genau las, wurde ich wütend: Die Frauen von »Bat Schalom« hatten den Lynchmord und die Notwendigkeit einer Reaktion darauf an erster Stelle genannt. Andere schlimme Ereignisse der letzten Wochen wurden mit keinem Wort erwähnt:

12. Oktober 2000

Wo sich die andauernde Besatzung mit einer institutionalisierten Diskriminierung trifft, gedeihen Gewalt und Blutvergiessen. Der Blutzoll wurde in überwältigender Mehrheit von den Palästinensern gezahlt, einschliesslich jenen, die israelische Bürger sind. Was beide Völker gleichermassen brauchen, sind echte Demokratie und wirklicher Frieden.

Der entsetzliche Lynchmord an zwei israelischen Soldaten und die anschliessende Bombardierung palästinensischer Institutionen inmitten von Wohngebieten beweisen, als ob das noch nötig wäre, dass diese Gewalt aufhören muss.

Unser Ziel – ein humaner und friedlicher Naher Osten – verlangt, dass wir für die Aufhebung der Besetzung allen palästinensischen Landes und für die vollständige Gleichberechtigung von Juden und Arabern in Israel arbeiten.

1. Wir fordern Israel auf, ein sofortiges Ende der Gewalt in den besetzten Gebieten und in Israel durchzusetzen.

2. Wir fordern die Palästinensische Autonomiebehörde auf, alle zur Verfügung stehenden Massnahmen zu ergreifen, um jegliche Gewalt unter Kontrolle zu bringen.

Wir appellieren an beide Seiten, ihre ausdrückliche Anerkennung zu wiederholen, dass beide Völker das gleiche Recht haben auf Unabhängigkeit und Souveränität und das Recht, in Würde und Frieden zu leben.

Bat Schalom

Ich war enttäuscht und wütend. Zwei Tage später schrieb ich einen Brief an »Bat Schalom«, in welchem ich meine Frustration und mein Befremden über die politischen Prioritäten meiner israelischen Gesprächspartnerinnen in ihrer ersten Botschaft zur neuen Intifada zum Ausdruck brachte, die mehrere Wochen auf sich hatte warten lassen:

14. Oktober 2000

Warum habt ihr zugewartet, bis Israelis getötet wurden? (...) Seit langer Zeit arbeiten wir für den Frieden, und seit sieben Jahren haben wir uns dafür eingesetzt, dass der Oslo-Prozess wenigstens minimale Erwartungen erfülle, damit wir die Hoffnung nicht verlieren.

(...) Während dieser Jahre bestimmte das Ungleichgewicht der Macht weiterhin unseren Alltag. Trotz des Friedensprozesses wurde weiterhin Land beschlagnahmt, wurden jüdische Siedlungen auf palästinensischem Boden vergrössert, die Palästinenser in zwei getrennten Enklaven eingegrenzt und ihre Bewegungsfreiheit eingeschränkt. Diese Massnahmen nahmen die Palästinenser nicht nur als gesetzwidrig wahr, sondern als schwere Menschenrechtsverletzungen, die jegliche Perspektive auf ein normales Leben und eine gesicherte Zukunft zerstören.

Dass die Situation vor bald drei Wochen explodierte, war für uns nicht überraschend, wir fürchteten uns schon seit einiger Zeit davor. Überraschend war höchstens, dass die Palästinenser so lange ihre Geduld nicht verloren haben. Es bedurfte jedoch nur noch eines Auslösers für die Gewalt. Wir leben in Schmerz, Kummer, Hilflosigkeit und in einem heillosen Durcheinander. In den letzten drei Wochen haben wir mehr als hundertdreissig Personen begraben, und wir haben über dreitausend Verletzte, die meisten von ihnen sind jung; viele werden verstümmelt weiterleben müssen.

Währenddessen schwieg die Welt irritiert. Man gab vor, man sei hilflos oder zu schwach, um zu handeln. Offenbar genügte das Blutvergiessen nicht, um die Welt zu alarmieren. Alarm gab es erst, als in Ramallah zwei israelische Soldaten gelyncht wurden.

Tausende von Palästinensern versammelten sich am vergangenen Donnerstag im Zentrum von Ramallah, um am Begräbnis von zwei getöteten Palästinensern teilzunehmen; am Vortag war Issâm Hamâd Dschûdeh bestattet worden, der von israelischen Siedlern entführt und zu Tode gequält worden war. Mitten in diese Atmosphäre von Empörung und Wut, Schmerz und Verzweiflung platzten die beiden israelischen Soldaten mit ihren Waffen, und die Menge sah in ihnen Angreifer. Was führte diese Soldaten in eine palästinensische Stadt, die vollständig unter palästinensischer Kontrolle steht? Keineswegs möchte ich das Geschehene verteidigen oder rechtfertigen. Vielmehr versuche ich, ein unmenschliches Geschehen zu begreifen. Die Soldaten wurden brutal geschlagen und schwer verletzt, doch gelang es der palästinensischen Polizei, sie auf die Polizeistation zu bringen, um ihr Leben zu retten.

In verhängnisvoller Weise und gegen jegliches Gefühl von Menschlichkeit verstossend, stürmte eine wütende Menge den Polizeiposten, brachte die Soldaten um und warf einen der Getöteten aus dem Fenster. Dem schrecklichen Geschehen spendeten die von Wut, Rachegefühlen und Verzweiflung Getriebenen Applaus.

Tausende Palästinenser aber verurteilten die Tat in aller Schärfe – ein Jammer, dass diese Stimmen in den Medien nicht zu Wort kamen und nur Hass und Feindseligkeit verbreitet wurden.

Ist es wirklich zu verantworten, auf den brutalen Tod von zwei Soldaten so zu reagieren, dass ein ganzes Volk in Angst und Schrecken versetzt wird und in verschiedenen Städten Polizeistationen und Stromgeneratoren bombardiert werden – mit dem Ergebnis, dass durch die Kollektivstrafe die Wut noch gesteigert und die Kontrolle der Lage noch schwieriger wird? Ist das Abschnüren all unserer Städte und Dörfer berechtigt, das Arbeit und Schulunterricht verhindert? Jetzt ist nach zwei Jahren wieder die Zeit der grossen Olivenernte, aber die Bauern können nicht zu ihren Feldern gelangen.

Dieser Teufelskreis von wahnsinnigen Reaktionen muss unbedingt gestoppt werden!

In den vergangenen Tagen habe ich von vielen Freunden aus der ganzen Welt und auch aus Israel Briefe und andere Zeichen der Verbundenheit erhalten. Die Unterstützung macht in einer schweren Zeit Mut.

Als mich die Pressemitteilung von »Bat Schalom« erreichte, fühlte ich mich erleichtert und schickte mich an, die Botschaft möglichst breit zu streuen. Doch nach der Lektüre der Mitteilung begann ich zu zögern und entschied, zuzuwarten und zu versuchen, einen Dialog in Gang zu setzen. Indem ihr Frauen von »Bat Schalom« den Lynchmord und die Notwendigkeit einer Reaktion darauf an erster Stelle nennt, macht ihr eure prioritäre Besorgnis klar. Das löst auf unserer Seite Emotionen aus. Warum habt ihr zugewartet mit eurer Pressemitteilung, bis Israelis getötet wurden? Ich kenne euch gut und schätze eure Arbeit, und ich kann mir eure Wut und Besorgnis vorstellen. Aber wer euch nicht kennt und nichts von unserer gemeinsamen Arbeit für den Frieden hält, wird euch nie vergeben.

Wir stecken in einem schweren Dilemma. Immer lauter tönen die Stimmen, die einen Abbruch sämtlicher Programme und Verbindungen mit allen Israelis verlangen. Die Lage ist sehr explosiv, und wir müssen rote Linien einhalten, um unsere Arbeit und unser Leben zu schützen und um mit unseren Leuten solidarisch zu sein. Wir müssen unsere Programme, die wegen der Absperrung und der noch stärker eingeschränkten Bewegungsfreiheit ohnehin kaum durchgeführt werden können, auf Eis legen. Aber wir werden alles daransetzen, die Beziehung zu euch am Leben zu erhalten, und ich bin zuversichtlich, dass wir den Weg zueinander wiederfinden werden.

Hoffen wir, dass die Politik die Situation zum Besseren zu wenden vermag und dass der Aufbau eines wahren Friedens, der auf Gerechtigkeit und Sicherheit für beide Seiten gründet, endlich zum Ziel wird. Und hoffen wir, dass es keine Gründe mehr gibt, Gewalt zu schüren und Konfrontationen wiederaufzunehmen. Es ist unsere Pflicht, jedes Leben zu retten.

Ich danke allen für ihre Unterstützung. Auch danke ich all jenen, die in ihrer eigenen Gesellschaft einen Beitrag zum Frieden leisten. Es bewegt sich eben doch etwas.

Die neue Leiterin von »Bat Schalom«, Terry Greenblatt, schrieb mir in einem persönlichen Brief, dass sie mit mir einer Meinung sei. Sie erzählte von der hysterischen Stimmung, die in diesen Tagen wegen der Lynchmorde herrschte und die den Ton der Pressemitteilung bestimmt hatte. »Ich kann dir dazu nur sagen, dass die hasserfüllten Briefe und Anrufe dieser Woche und die Morddrohungen gegen Naomi

Chazan bei unserem Versuch eine Rolle spielten, etwas zu schreiben, das die überhandnehmende Hysterie eindämmen könnte. Wir wollten wenigstens einen Teil der israelischen Öffentlichkeit erreichen, um deren Gefühle und Ängste zu beruhigen.« Terry schlug vor, den Text so umzuschreiben, dass er nicht mit dem Mord an den israelischen Soldaten beginnen würde.

Doch für uns Palästinenserinnen lag das Problem tiefer: Für uns war es in dieser Situation überhaupt gefährlich, mit Israelinnen zu tun zu haben. Auch wenn es sich dabei um Friedensfrauen handelte, die mit uns einig waren. Wie konnten wir die Zusammenarbeit gegenüber unseren Leuten in einer Situation rechtfertigen, in der Hass und Vergeltung vorherrschten?

Vorläufiges Ende der Zusammenarbeit

Unter diesem Druck verfasste der Vorstand des »Jerusalem Center for Women« eine Erklärung, welche an den Vorstand von »Bat Schalom« gerichtet war. »Es war und ist unsere Überzeugung, dass die Zusammenarbeit mit dem israelischen Friedenslager nicht nur den Palästinensern zugute kommt«, stellten wir eingangs fest. Nach sieben Jahren der Zusammenarbeit bedauerten wir es aber sehr, dass »Bat Schalom« nicht klar und deutlich Stellung gegenüber den Ereignissen in den vergangenen Wochen bezogen hatte. Wir hatten gehofft, dass der Vorstand von »Bat Schalom« öffentlich eine Haltung einnehmen würde, die der Heftigkeit der Attacken gegen das palästinensische Volk entsprochen hätte. Wir bedauerten auch, dass »Bat Schalom« die neuen Prinzipien des »Jerusalem Link« vom 18. August

1999 nie publiziert hatte. Insbesondere legten wir Wert auf Jerusalem als zwei Hauptstädte für zwei Staaten und auf das Rückkehrrecht der palästinensischen Flüchtlinge gemäss der UNO-Resolution 194.

Wir schrieben: »Wir verstehen die grossen Schwierigkeiten, die ihr habt, aber wir möchten vorwärtsgehen, anstatt uns vor der Realität zu verstecken.« Wir konnten das Verhalten unserer Partnerinnen nur als politischen Rückzug verstehen. Das Schweigen der israelischen Frauen vermittelte uns den Eindruck, dass sie sich von den gemeinsamen Prinzipien endgültig verabschiedet hatten. Wir fragten sie, ob sie sich bewusst waren, dass ihr Schweigen in dieser kritischen Phase die Macht der rechten Parteien und Bewegungen in Israel stärkte, deren Ziel es ist, die Anstrengungen für eine friedliche Koexistenz zu sabotieren.

Das »Jerusalem Center for Women« konnte die Abwesenheit der israelischen Linken und der israelischen Friedensbewegung in dieser Zeit nicht entschuldigen. Es war und ist deren Pflicht, in der israelischen Gesellschaft einen unüberhörbaren Protest zu äussern. Wir fürchteten die Zurückhaltung der israelischen Linken, weil sie den aggressiven, expansionistischen Stimmen und Aktivitäten Macht verleiht. Wir warnten das israelische Friedenslager: »Handelt jetzt, brecht euer Schweigen, seid nicht die ersten, die aufgeben – oder ihr werdet selber Opfer der Aktionen und der Politik des rechten Flügels sein, der sich schnell bewegt.«

Einen Monat später, im November 2000, entschieden wir vom »Jerusalem Center for Women«, alle gemeinsamen Programme und Aktivitäten mit »Bat Schalom« einzustellen, bis wir eine klare und öffentliche Unterstützung der neuen Jerusalem-Link-Deklaration erhielten, der »Bat Schalom« eigentlich im August 1999 zugestimmt hatte. Ausserdem forderten wir, dass »Bat Schalom« die Frage, ob bei ihnen auch Siedlerinnen Mitglieder sein dürften, überprüfte. Die Überschreitung dieser roten Linie würden wir nie akzeptieren können.

»Bat Schalom« reagierte mit einem Statement und schlug vor, den Artikel der neuen Jerusalem-Link-Deklaration, in welchem es um die Flüchtlingsfrage geht, neu zu formulieren: »Israels Anerkennung seiner Verantwortung für die Schaffung palästinensischer Flüchtlinge im Jahre 1948 ist eine Vorbedingung, um eine gerechte und nachhaltige Lösung des Flüchtlingsproblems in Übereinstimmung mit den relevanten UNO-Resolutionen zu finden.«

Als Leiterin des »Jerusalem Center for Women« schrieb ich Terry Greenblatt im Januar 2001 erneut einen Brief, in welchem ich zum Ausdruck brachte, dass wir ihre Schwierigkeiten verstünden, unserer Forderung nach einer Anerkennung der Verantwortung Israels bei der Schaffung von Flüchtlingen im Jahre 1948 nachzukommen: »Doch wir sähen es gerne, dass ihr ›Verantwortung‹ wie folgt definiert und versteht: Israel akzeptiert seine moralische, rechtliche, politische und ökonomische Verantwortung gegenüber den Forderungen der palästinensischen Flüchtlinge und muss deshalb das Recht auf Rückkehr gemäss den relevanten UNO-Resolutionen akzeptieren.«

Der Vorstand hatte uns ausserdem aufgetragen, »Bat Schalom« mitzuteilen, dass gemeinsame Projekte mit Rücksicht auf die Gefühle und die vorherrschende Meinung in der palästinensischen Gesellschaft gegenüber der brutalen Besatzungspolitik Israels weiterhin eingefroren bleiben würden.

Seit August 1999 hatten keine gemeinsamen Vorstandssitzungen mehr stattgefunden, denn die palästinensische Seite wartete immer noch auf eine klare Stellungnahme der israelischen Seite zur Deklaration. Da die Frauen von »Bat Schalom« jedoch nicht mehr hinter der Deklaration stehen konnten, baten sie um Zeit, um einen Kompromiss ohne Druck und möglichst unter Beteiligung vieler Mitglieder zu erreichen. Das Jahr verging ohne Antwort, und entsprechend konnten keine neuen gemeinsamen Programme begonnen werden. Wir konnten die Zukunft unserer Arbeit nicht planen und so auch die Finanzierung nicht sichern. Die Arbeit beschränkte sich lediglich darauf, die laufenden Programme zu beenden. Die politische Stimmung hemmte jeglichen Gedanken an Zusammenarbeit. Verzweiflung und Ohnmacht wuchsen täglich, und der Sinn der Friedensarbeit wurde mehr und mehr in Frage gestellt. Der Ruf nach einem sofortigen Stopp aller gemeinsamen Projekte war laut geworden. Unterschiedlichste Drohungen wurden ausgesprochen, ich fühlte mich vielen Gefahren ausgesetzt, und auch meine Familie war gefährdet. Niemand wollte mehr in gemeinsamen Projekten mitarbeiten, und die meisten distanzierten sich auch offiziell von der gemeinsamen Friedensarbeit, um ihren eigenen Ruf zu retten. Die totale Umzingelung unserer Wohngebiete und die Einschränkung der Bewegungsfreiheit bis auf wenige Kilometer verhinderten normales Arbeiten ohnehin. Es war lächerlich, unter diesen Verhältnissen den Versuch machen zu wollen, Frauen für Kurse oder Treffen zu mobilisieren. Das Alltagsleben war so gefährlich geworden, dass nur unter Gefahr das Lebensnotwendigste erledigt werden konnte; man blieb wann immer möglich im Haus. Überleben war zur Sorge des Tages geworden.

Ich war allein für die Finanzierung des »Jerusalem Center for Women« verantwortlich, sah mich jedoch nicht mehr imstande, diese grosse Verantwortung zu tragen.

Gleichzeitig war mir klar, dass das Zentrum als Zentrum des Friedens gegründet worden war, und diese Botschaft war die meine. Es fiel mir deshalb sehr schwer, dem Beschluss zu folgen, jegliche Kontakte mit der israelischen Seite abzubrechen, denn das in Jahren aufgebaute Vertrauen und die Annäherung konnten und durften doch nicht rückgängig gemacht werden. Ich war von Zweifeln geplagt und fühlte eine quälende Schwäche, in einer Zeit, in der ich mich nach einer Perspektive und einer Vision sehnte. Es fehlte der Beistand und der politische Schutz. Es dauerte Wochen, bis mein innerer Konflikt zum Ausbruch kam. Ich musste eine Entscheidung treffen.

An einem Morgen ging ich ins Tal, umarmte die Olivenbäume, sprach mit den Sträuchern, streichelte sie und dachte nach. Ich weinte und fühlte einen tiefen Schmerz. Ich sagte mir: Warum sollte ich nicht auch das Recht haben, Schwäche und Schmerz zu empfinden? Ich redete mir zu, es werde bald vorbeigehen. Ehrlich mit mir selbst zu sein half mir, meine eigenen Möglichkeiten realistisch einzuschätzen und einen Ausweg zu finden. Als es Abend wurde, war mir klargeworden, dass ich die Arbeit im Zentrum nicht mehr verantworten konnte und das Zentrum verlassen würde.

Ich fühlte mich plötzlich erleichtert, ja ich fühlte eine neue Kraft in mir. Mein Kopf und meine Seele waren wieder offen und frei, zu denken und zu planen. Auch wenn viele den Sinn der Friedensarbeit nicht erkennen können oder bessere Resultate erwarteten, so denke ich, dass wir einiges erreicht haben. Es war eine reiche Erfahrung, mit vielen Schwierigkeiten und Herausforderungen, oft unter Angst und Gefahr. Doch es waren sehr viele kleine Schritte der Annäherung und Verständigung gelungen. Ich sah nun meine Aufgabe darin, diese Schritte zu dokumentieren, um anderen zu zeigen, dass vieles möglich ist.

Trauer in Palästina
Vom Umgang mit den verletzten Seelen

Es war am Tag vor dem Ende des Monats Ramadan im Dezember 2000. Alle Menschen waren beim Einkaufen für das Îd al-Fitr, das Fest des Fastenbrechens, eines der wichtigsten Feste im muslimischen Kalender. Eine Mutter war mit ihren zwei Kindern nach dem Einkaufen auf dem Heimweg. Ein Artilleriegeschoss aus der gegenüberliegenden Siedlung Pisagot traf einen Jungen, der auf dem Schulhof der Friends School in Ramallah, wo auch meine Tochter zur Schule ging, Fussball spielte. Er wurde tödlich getroffen, zwei weitere Spieler wurden schwer verletzt. Die Frau rannte in den Hof eines Hauses, wo sie sich sicher wähnte. Minuten später wurde sie vor den Augen ihrer Kinder tödlich getroffen.

Ubai, ein elfjähriges Kind, spielte in der neuen Wohnung seiner Eltern auf seinem Bett. Sein Vater war im selben Zimmer und strich die Fensterrahmen. Plötzlich schlug ein Geschoss im Zimmer ein und traf den Jungen. Der Vater brach zusammen, denn direkt neben ihm war sein Kind getötet worden.

Abschied vom Bräutigam

Am nächsten Tag ging ich zur Beerdigung zweier Menschen, die getötet worden waren. Es kamen Tausende, Junge und Alte, Frauen und Männer. Politische Parolen, die die Entschlossenheit zum Kampf zum Ausdruck brachten, unterbrachen die Trauergesänge. Als ich nicht mehr weinen konnte, schloss ich mich den jungen Menschen an, die im Rhythmus sangen und mit den Händen klatschten. Auch so lässt sich Schmerz verarbeiten. Ab und zu lachten sie, wenn die improvisierten Parolen und Sprüche nicht ganz passten. Manchmal verwischten sich die Grenzen, und der Trauerzug schien zum Hochzeitszug zu werden. Es gehört zu unserer Kultur, nicht nur zu weinen, sondern auch zu singen und zu tanzen, um dem »Bräutigam« die letzte Ehre zu erweisen. Von der Mutter werden freudige Trillerrufe erwartet. Es wirkt grotesk, doch eine Mutter, die am Ende ihrer Kraft ist und keine Tränen mehr hat, drückt so ihre Zerrissenheit aus, taucht aus der Tiefe des Schmerzes auf und versucht, ihm standzuhalten.

Nach einer Stunde Marsch erreichten wir den Friedhof. Auf einmal zerstreuten sich die Jugendlichen, die eben noch als Gruppe gesungen und geklatscht hatten, in alle Richtungen. Ich sah sie zu den Gräbern ihrer Freunde gehen, die in letzter Zeit getötet worden waren. Zu dritt oder zu viert warfen sie sich auf die Gräber und fingen an zu weinen, zu schreien und mit den Fäusten zu schlagen. Einige brachen zusammen, und wir bemühten uns um sie, mit Wasser und Erster Hilfe. Ich sah, wie sie die Grabsteine streichelten, die Namen lasen, den Staub wegwischten und die toten Freunde ansprachen. Einige rauchten dann eine Zigarette, und nach einer Weile begannen sie sich gegenseitig zu umarmen und zu ermutigen. Sie verabschiedeten sich mit den Worten »Wir kommen wieder!« und gingen fort.

Unsere Art, mit Trauer umzugehen, ist für Beobachter aus anderen Kulturen oft fremd. Sie nehmen vielleicht nur die Oberfläche wahr, ohne Wissen um die Werte und

Ideale, die dahinterstehen. Die Art, wie in den Medien unsere Trauer über den Tod eines Kindes dargestellt wird, ist ein Beispiel für solches Unverständnis. Viele finden unseren Umgang mit der Trauer schrecklich und kommen zum Schluss, die Mütter in Palästina hätten keinen Sinn für das Leben, sie seien erbarmungslos und schickten ihre Kinder auf die Strasse, um getötet zu werden. Anstatt das Töten zu verurteilen und dafür zu sorgen, dass keine Menschen mehr getötet werden, beschimpft man die trauernden Mütter und macht sie für den Tod ihrer Kinder verantwortlich. Diese Beschuldigung zieht unsere Menschlichkeit in Zweifel und ist sehr verletzend.

Als vor einigen Jahren mein vierundzwanzigjähriger Cousin bei einem Autounfall ums Leben kam und ich den Sarg zu seiner Mutter begleitete, kam sie ins Zimmer, singend, tanzend, und empfing uns mit einem kräftigen »Freuden«-Triller, mit dem man sonst zu Hochzeiten ruft. Sie riss mich an sich und zwang mich, als ich sie weinend umarmte, mit ihr am Sarg zu tanzen. Ich musste ihrem Wunsch entsprechen. Es war keineswegs ein freudiger Akt, sondern Ausdruck tiefen Schmerzes. Sie wollte den Tod ihres Sohnes nicht wahrhaben und wünschte sich zutiefst, man feiere seine Hochzeit. Grosse Freude und tiefe Trauer sind so eng beieinander, dass sich die Grenzen manchmal verwischen.

Wir Mütter in Palästina fühlen uns in die Defensive gedrängt. Die Art, wie wir trauern, wird missverstanden und gegen uns verwendet. Es schmerzt uns, wenn wir uns gezwungen fühlen, unsere Gefühle zu verteidigen und zu beweisen, dass wir wie alle anderen Mütter der Welt empfinden. Wir haben ausreichend Grund zu trauern; uns ist genug angetan worden. Das Verbreiten und Wiederholen solcher Anschuldigungen stigmatisiert uns noch mehr zu einem Volk von Terroristen, brutal und ohne Moral. So wird oft vom Verbrechen abgelenkt und das Mitgefühl für die Opfer gedämpft.

Wir können die gewalttätige Realität auf dem Weg zu einem wirklichen Frieden nicht überspringen. Der Weg führt für beide Seiten über die Trauer um unsere Toten, die Trauer über die Gewalt, die wir erlebt, und über die Gewalt, die wir zugefügt haben. Dabei stehen wir an unterschiedlichen Orten, als Besatzer und Besetzte.

Es gibt weniger publizitätsträchtige, jedoch überaus wirksame Ansätze, Israelis und Palästinenser zusammenzubringen und sie gemeinsam mit dem erlebten Schmerz und der erworbenen Schuld zu konfrontieren. Ein solcher zukunftsweisender Schritt hat mich tief beeindruckt; er fand im Rahmen einer Theatervorstellung statt.

Im Schatten gewaltsamer Vergangenheit

Im Frühjahr 2000 veranstaltete das »Komitee gegen Folter in Israel« ein dokumentarisches Drama, das von israelischen und palästinensischen Schauspielern auf der Bühne des arabischen Theaters in Alt-Jaffa gespielt wurde. Das Stück hatte den Titel *Leben im Schatten gewaltsamer Vergangenheit,* ein Schauspiel über Wahrheit und Versöhnung, ein Beispiel für palästinensisch-israelische Versöhnungsprozesse in der Zeit nach dem Ende der Besatzung. Sahîra Kamâl, Direktorin im palästinensischen Ministerium für Geschlechterplanung und internationale Entwicklung und Mitbegründerin des »Jerusalem Link«, war zusammen mit mir zur Aufführung eingeladen, um an der Diskussion teilzunehmen und Stellung zu beziehen.

Gezeigt wurden verschiedene Szenen, die auf realen Begebenheiten beruhen:

Eine Frau in kritischem Zustand ist auf dem Weg zum Krankenhaus, um ein Kind zu gebären. Doch ein Soldat hindert sie daran zu passieren. Ihr neugeborener Sohn stirbt am Checkpoint.

Eine Szene zeigte, wie einem palästinensischen Jugendlichen von israelischen Soldaten Hände und Beine gebrochen wurden – eine Hinrichtung ohne Anklage oder Gerichtsverhandlung.

Der Vater eines getöteten israelischen Soldaten wurde dargestellt und der Vater eines getöteten Freiheitskämpfers, eines sogenannten »Terroristen«, sowie eine Hauszerstörung, bei der sowohl Soldaten als Täter wie die Familie, die das zerstörte Haus bewohnt hatte, auftraten. Auch eine Folterung wurde gezeigt, unter den Folterern ein Geheimdienstoffizier.

Die Schauspieler spielten die Rollen nach Geständnissen, welche die israelische Menschenrechtsorganisation »B'Tselem« gesammelt hatte. Die tatsächlich betroffenen Personen waren im Saal anwesend. Ein Schiedsgericht von israelischen und palästinensischen Frauen unter dem Vorsitz der Feministin Alice Schalvi, Mitbegründerin und Vorsitzende des Netzwerks israelischer Frauen und erste Rektorin des Seminars für judaistische Studien in Jerusalem, befragte nach den Szenen die Schauspieler, jedoch nie die tatsächlich Betroffenen:

»Als du den Kindern die Knochen gebrochen hast und abends nach Hause gegangen bist: Hast du deiner Frau davon erzählt? Wie hat sie reagiert? Welche Gefühle hattest du, als dein Kind dich umarmte? Als es seine Hand in deine legte?«

»War es dir gleichgültig, dass das Baby am Checkpoint sterben musste, weil du die Mutter nicht ins Krankenhaus fahren liessest? Bereust du die Tat?«

»Hast du beim Foltern einen Moment daran gedacht, dass der Gefolterte ein Mensch ist und Schmerzen empfindet, oder war er die ganze Zeit nur ein Gegenstand, ein Unmensch?«

»Du hast dich vor den Augen der Familie und der Kinder an der Zerstörung eines Hauses beteiligt. Kannst du ihre Blicke vergessen, oder verfolgen sie dich?«

»Dein Sohn hat eine Bombe gelegt und Menschen getötet. Denkst du an die trauernden Eltern des Getöteten? Fragst du dich selbst: Warum hat mein Sohn das getan, und was ist meine Verantwortung? Ist dir überhaupt klar, dass er einen Menschen getötet hat, ganz gleich aus welchen Motiven?«

»Empfindest du deinen Sohn wirklich als Helden, als Märtyrer? Bist du glücklich, dass er tot ist, oder wünschst du dir, dass er noch lebte und du das Geschehene rückgängig machen könntest?«

Die Schauspieler antworteten gemäss den dokumentierten Geständnissen:

»Ich habe mein Geständnis abgelegt, damit jeder weiss, wie gefangen ich bin, wie sehr ich in meiner Seele leide.«

»Zu lange habe ich geschwiegen. Ich musste sprechen, sonst wäre ich zerbrochen.«

»Ich habe meiner Familie nie davon erzählt, ich wollte sie nicht ängstigen, sie nicht mit meinen Sorgen belasten.«

»Ich habe mich schizophren verhalten. Ich glaube, ich bin wirklich krank.«

»Ich gestehe und möchte mich von dieser Last befreien. Ich würde es nie wieder tun.«

Das Publikum reagierte heftig bewegt:

»Es tut mir weh, das zu erfahren, ich habe das nicht gewusst.«

»Ich glaube nicht, dass mein Volk so etwas tut.«

»Ich bin so beschämt, und es tut weh.«

»Ich entschuldige mich für mich und für mein Volk.«

»Ich werde mich informieren und mich dagegen engagieren.«

»Wie können wir anderen so etwas antun? Es ist gegen unsere Moral und unsere Tradition!«

»Verzeihung und nochmals Verzeihung! Nehmt unser Mitgefühl an.«

Mich schmerzte es, als ich entdeckte, dass ein Soldat, von dem im Spiel die Rede war, von einem meiner Studenten gekidnappt worden war und getötet wurde, als das Militär das Haus stürmte. Jener Student hatte mir in meinem Büro einmal gesagt, dass er für den bewaffneten Kampf sei, als ich im Unterricht von friedlichen Mitteln der Konfliktlösung gesprochen hatte. Er sagte: »Warum soll ihr Leben einen Wert haben, wenn unser Leben in ihren Augen nichts ist?« Dieser Student sitzt nun im Gefängnis mit einer Haftstrafe von dreimal lebenslänglich und noch vierhundert Jahre. Ich sah ihn einmal im Fernsehen, auf dem Weg zum Gericht. Ich erkannte ihn kaum wieder: Der Ausdruck in seinen Augen war eigenartig, und er ging an Stöcken. Er war plötzlich gegenwärtig als Täter und als Opfer. Meine Gefühle gerieten durcheinander, und ich spürte auch die Ohnmacht und den Schmerz der anderen im Saal.

In der Pause erkannte ich Jitzhak Frankenthal, den Vater des getöteten Soldaten. Drei Jahre zuvor hatten wir beide den Mount Zion Award in Jerusalem erhalten. Damals war er geknickt und hatte vor Schmerz keine Rede halten können, hatte nur ständig wiederholt: »Warum soll ich einen Preis bekommen, weil mein Sohn getötet wurde?« Ich ging auf ihn zu, begrüsste ihn herzlich und sagte: »Ich freue mich, dich heute so stark zu sehen. Ich habe in den letzten drei Jahren viel von dem gehört und gesehen, was du für Frieden und Versöhnung getan hast. Danke für deinen Einsatz, die Quelle der Stärke, die ich heute in dir spüre.« Er strahlte und umarmte mich. Seine Frau dankte mir für die stärkenden Worte. Ich wagte jedoch nicht, ihm zu gestehen, dass ich einen meiner Studenten heute als den Kidnapper seines Sohnes erkannt hatte.

Das Theater war voll, vierhundert Israeli und zwanzig Palästinenser waren anwesend. Die Veranstaltung war auf drei Stunden angesetzt, doch sie dauerte fünf Stunden, weil die Diskussionen sich in die Länge zogen und die Beteiligten sie nicht abbrechen wollten. Je mehr sie redeten, desto mehr spürte ich, wie sie sich einander annäherten. Meine Wut und Empörung angesichts der Szenen, die mir vor Augen geführt worden waren und die ich aus der Wirklichkeit kannte, waren fast unerträglich. Doch die Reaktionen von Israelis im Saal halfen mir, den Schmerz zu ertragen und zu erkennen, dass es zu einer langsamen Heilung kommen könnte, auch wenn die Narben vielleicht nie verschwinden werden. Es war der Anfang einer Therapie für alle Anwesenden.

Von der Weigerung, Feindinnen zu sein
Ende und Ausblick

Als ich im Juni 2001 meine Arbeit in der Leitung des »Jerusalem Center for Women« aufgab, bewegten mich unterschiedliche Gefühle – Trauer und Enttäuschung, aber auch Erleichterung.

Nicht nur die zunehmenden Schwierigkeiten, meinen Arbeitsort überhaupt zu erreichen, waren ausschlaggebend für den Entscheid, sondern vor allem auch die Einsicht, dass die Friedensarbeit blockiert war. Es war in den letzten Jahren schwierig geworden, Frauen zur Teilnahme an Kursen zum Aufbau der Zivilgesellschaft oder zur Friedensarbeit zu gewinnen. Es waren mit der Zeit immer dieselben Frauen aus den politischen Parteien, die von einem Kurs zum nächsten wanderten, ohne dass jemals eine Beurteilung oder Erfolgskontrolle vorgenommen wurde. Meine Energien hatte ich zunehmend in die Sorge um das Weiterbestehen des Zentrums und in die Beschaffung der nötigen Mittel investiert.

Jetzt war ich in meinen Aktionsmöglichkeiten nicht mehr von der Laune und den Eigeninteressen der Vorstandsfrauen abhängig und musste keine politischen Beschlüsse mehr berücksichtigen. Ich einigte mich unmittelbar danach mit Gila Svirsky auf die Veröffentlichung einer gemeinsamen Erklärung, und ich genoss dabei die neue Freiheit, eine solche Erklärung mit meinem Namen zu unterschreiben, ohne die Erlaubnis von irgend jemandem dafür zu benötigen.

Wir weigern uns, Feindinnen zu sein
Sumaya Farhat-Naser und Gila Svirsky

Da die Nachricht die internationalen Medien noch nicht erreicht hat, möchten wir hiermit der Welt mitteilen, dass palästinensische und israelische Frauen bereit sind, Frieden zu schliessen.

In den vergangenen dreizehn Jahren waren Frauen auf beiden Seiten über die Grenzen hinweg, die uns trennen, der engagierteste, tapferste und fortschrittlichste Teil der Friedensbewegung. Palästinensische und israelische Frauen haben sich während Jahren getroffen und miteinander verhandelt, schon zu einer Zeit, als das Reden miteinander in Israel illegal und in Palästina verboten war.

Diese Verhandlungen begannen vor Jahren im geheimen, in Privathäusern und Kirchen. Dann hielten wir es für sicherer, uns in Basel, Berlin, Brüssel, Bologna und in anderen europäischen Städten zu treffen. Heute treten wir bei jeder sich uns bietenden Gelegenheit gemeinsam öffentlich auf, oft an symbolischen Stätten wie dem Notre Dame Center an der Grenze zwischen dem palästinensischen und dem israelischen Teil Jerusalems.

Auch wenn es Meinungsverschiedenheiten und Debatten gab und oft schmerzliche Umstände, in denen unsere Gespräche stattfanden, haben wir immer an der gemeinsamen Vision vom Frieden festgehalten. Hinge es von uns ab, hätten wir schon lange eine Friedensvereinbarung, die die schwierigen Probleme zwischen unseren beiden Staaten regelte.

Wir Frauen treten für die Beendigung der Situation von Besatzern und Besetzten ein. Wir sehen Israel und Palästina als zwei unabhängige Staaten, Seite an Seite, mit Jerusalem als Hauptstadt, die beide miteinander teilen. Wir wollen eine gerechte Lösung, die die Not der Flüchtlinge beendet. Wir glauben, dass jede Nation das gleiche Recht auf Souveränität, Unabhängigkeit, Freiheit, Sicherheit, Entwicklung und auf ein Leben in Würde hat.

Ein entscheidender Punkt dieser Vereinbarung: Wir verurteilen jegliche Form von Brutalität, Gewalt und Terrorismus – ob von seiten einzelner politischer Gruppierungen, von Regierungen oder der Armee. Wir haben genug vom Töten, auf beiden Seiten. Zu viele palästinensische und israelische Kinder sind gestorben, verwaist oder für ihr ganzes Leben verkrüppelt. Zu viele unserer Söhne, Väter und Brüder haben getötet. Denn der Krieg macht nicht nur Unschuldige zu Opfern, er lässt auch die Kriegführenden verrohen.

Israelische und palästinensische Frauen haben sich bemüht, unsere Völker hinsichtlich der Stichhaltigkeit beider Ansprüche auf das umstrittene Territorium aufzuklären und der Dämonisierung entgegenzuwirken, die in der Öffentlichkeit auf beiden Seiten betrieben wird. Wir haben Gespräche zwischen palästinensischen und israelischen Frauen gefördert, haben den Familien von Opfern auf beiden Seiten telefonisch kondoliert, sind verhaftet worden, weil Protestieren nicht zum nationalen Konsens gehört, und haben laut und deutlich eine gerechte Lösung gefordert.

Neben unserer öffentlichen, organisierten Tätigkeit wirken wir Frauen auch als Geheimagentinnen. Wir sind nicht nur die Mütter, Lehrerinnen, Krankenschwestern und Sozialarbeiterinnen unserer Gesellschaften. Wir sind ebenso Geheimagentinnen, die Politik mit dem Abendessen auftischen und allen Kindern in unserem Klassenzimmer, allen Patienten in unserer Pflege, allen Klienten, die wir beraten, allen unseren Söhnen und Töchtern, die wir lieben, Lektionen in Gewaltlosigkeit erteilen. Wir pflanzen subversive Friedensgedanken in die Herzen unserer Jugend, bevor die Agenten des Krieges überhaupt etwas davon bemerken. Dies ist ein langer

Prozess, dessen Resultate nicht über Nacht sichtbar werden, aber wir glauben daran, dass er schliesslich zum Ergebnis führen wird.

Die Frauenfriedensbewegung in Palästina und Israel glaubt, dass die Zeit gekommen ist, das Blutvergiessen zu beenden. Die Zeit ist gekommen, unsere Waffen und unsere Ängste niederzulegen. Wir weigern uns, noch mehr Krieg in unseren Leben, unseren Gemeinschaften, unseren Nationen zu akzeptieren. Wir weigern uns, die Gewalt hinzunehmen. Wir weigern uns, Feindinnen zu sein.

Anlässlich der Kampagne der »Frauen in Schwarz« im Juni 2001 trugen Gila Svirsky und ich ein Transparent mit der Aufschrift *We refuse to be enemies!* (Wir weigern uns, Feindinnen zu sein). Wir beschlossen, die gemeinsame Arbeit in dieser individuellen Form fortzusetzen. Ausser mir beteiligte sich nur eine einzige Palästinenserin persönlich an dieser Kampagne: Sahîra Kamâl, die konsequent an der Friedensarbeit mit Israelinnen festhält. Ich besuchte sogar »Bat Schalom« zum erstenmal seit über zwei Jahren, um mit den israelischen Partnerinnen zu überlegen, wie wir in Zukunft zusammenarbeiten könnten. Ich traf mich mehrere Male privat mit Terry Greenblatt; wir stärkten uns gegenseitig und tauschten unsere Ideen darüber aus, wie es weitergehen könnte. Neue Möglichkeiten öffnen sich für mich. Ich kann nun meine Kontakte anders wahrnehmen, seit ich nicht mehr institutionell eingebunden bin.

Ich denke, dass wir einiges erreicht haben, auch wenn viele Menschen auf beiden Seiten den Sinn der Friedensarbeit nicht erkennen können. Ich hatte Daphna Golan im August 1999 geschrieben: »Dies sind unsere ersten Schritte.« Wir haben gezeigt, dass es möglich ist, Schmerz zu teilen und gemeinsam nach dem Weg zum Frieden für beide Völker zu suchen, ohne die Realität ausser acht zu lassen und die Widersprüche zwischen der Situation der friedenswilligen Israelinnen und den weiterhin unter Besatzung lebenden Palästinenserinnen zu leugnen. Der Konflikt dauert seit Jahrzehnten. Wie kann man von wenigen Jahren Friedensarbeit grosse Resultate erwarten? Ich persönlich habe dabei in den vergangenen Jahren reiche Erfahrungen gemacht.

Bei unseren ersten Schritten haben wir uns allzuoft gegenseitig geschont. Dort, wo es uns gelungen ist, unsere Konflikte zumindest anzusprechen, wenn auch nicht zu lösen, liegt ein Potential. Es ist uns gelungen, einander unsere gemeinsame Angst, unsere Sehnsucht nach Frieden, aber ebenso unsere so verschiedenen Gewalterfahrungen im Alltag mitzuteilen. Indem wir uns nach israelischen Militärattacken anriefen und nach palästinensischen Attentaten den Kontakt zueinander suchten, taten wir sehr viel mehr, als wenn wir geschwiegen hätten. In den Momenten, in denen unser Netz zu zerreissen drohte oder unsere Zusammenarbeit sogar für einige Zeit zum Erliegen kam, lagen auch Chancen für ein vertieftes Verständnis der Anliegen, der schmerzhaften Prozesse und der politischen Zwänge der Partnerinnen. Ich sehe heute meine Aufgabe darin, diese intensiven Jahre zu reflektieren, den Prozess in diesem Buch festzuhalten und zu dokumentieren. Ich will zeigen, dass einiges möglich war, auch wenn vieles schwierig oder unmöglich geblieben ist. Mein Ziel ist es, diese wertvolle Erfahrung mit ihren negativen wie auch positiven Aspekten als mögliche Grundlage für zukünftige Friedensarbeit anderen zur Verfügung zu stellen. Für mich selbst erhoffe ich Impulse für einen Neuanfang.

Neben meinen Kontakten zu den israelischen Friedensfrauen sind es Begegnungen mit anderen israelischen und palästinensischen Aktivistinnen und Aktivisten, einzelnen Menschen, Jüdinnen und Juden in Europa und den USA, die mir Hoffnung machen auf eine Zukunft, in der wir in Frieden zusammenleben können. Ich bin überzeugt, dass wir in unseren Kontakten im Alltag der öffentlich verordneten Feindseligkeit etwas entgegensetzen können.

Die Arbeit der letzten Jahre hatte mir zudem deutlich gemacht, wie wichtig es ist, junge Menschen für die Friedensarbeit zu gewinnen, sie darin auszubilden und sie zu befähigen, an der Gestaltung der eigenen Zukunft mitzuwirken. Deshalb beschloss ich, meine Lehrtätigkeit wiederaufzunehmen, um den Studierenden nahe zu sein. Sie gehören den verschiedensten Gruppierungen, teilweise auch keiner politischen Richtung an. Ich möchte ihnen meine Erfahrungen weitergeben, ihnen das selbsterlernte Handwerk von Dialog und Streitkultur vermitteln und sie motivieren, an der Entfaltung ihrer Persönlichkeit zu arbeiten. Sie sollen ein Verständnis unserer Geschichte erwerben, das auch die jüdische Leidensgeschichte einschliesst. Von der israelischen Seite wünsche ich mir eine Vermittlung der israelischen und jüdischen Geschichte, welche die palästinensische Geschichte nicht länger verleugnet, sondern anerkennt und ihre Repräsentation in Gedenkstätten für beide Völker ermöglicht. Ich möchte jungen Menschen zeigen, wie man auf andere verändernd wirken kann und wie man lernt, voller Selbstvertrauen und Kraft in die Augen der Menschen zu schauen. Ich möchte einen neuen Weg gehen, bei dem ich mir auch erhoffe, von meinen Studierenden zu lernen und gemeinsam mit ihnen Ideen zu entwickeln. Der institutionelle Rahmen der Universität bietet die Möglichkeit, Friedensarbeit breiter und effektiver zu betreiben, sind doch Koordination, Schutz und Einfluss auf die Politik gegeben.

Die Kontakte und die Zusammenarbeit mit meinen israelischen Freundinnen und Freunden werde ich pflegen und ausbauen, denn die Zeit für gemeinsame Friedensarbeit wird bestimmt wieder kommen. Öffentliche Auseinandersetzungen mit den Schatten der Vergangenheit und Gegenwart, wie es das dokumentarische Drama des »Komitees gegen Folter in Israel« auf der Bühne eines arabischen Theaters gezeigt hat, können wichtige therapeutische Schritte sein, um mit den Traumata beider Seiten einen heilsamen Umgang zu finden. So werden junge Menschen eines Tages bereit sein, die neuen Aufgaben für einen gemeinsamen Frieden zu übernehmen.

Ich möchte auch wieder mit Frauen aus Birseit arbeiten, an der Basis unserer Gemeinschaft. Sie ist meine Stütze, in ihr gedeiht mein Wirken.

Darauf hoffe ich, und ich vertraue auf die Unterstützung und Bestärkung durch viele Freundinnen und Freunde. Ihre Begleitung war und bleibt mir Quelle und treibende Kraft für das Gelingen.

September 2004
Drei Jahre danach

Im Sommer 2001 hatte ich meine Arbeit beim »Jerusalem Center for Women« aufgegeben, weil es für mich unmöglich geworden war, in Jerusalem zu arbeiten. Die Situation hatte sich derart verschärft, dass die Teilnahme der Frauen an den Kursen und die Treffen mit israelischen Frauen nicht mehr möglich waren. Das tägliche Überleben hatte Priorität: die Verwundeten bergen, die Toten begraben, die Familien versorgen und sich vor Sonnenuntergang möglichst rasch zu Hause verstecken. Es gab immer mehr Strassensperren, so dass der Weg zur Arbeit statt einer halben Stunde drei bis vier Stunden dauerte und mit hohem Risiko verbunden war.

Ich war an meinen Wohnort Birseit gebunden; mir blieb ein Bewegungsradius von wenigen Kilometern. Es war bitter und hart, meine Arbeit aufgeben zu müssen und vergeblich darauf zu warten, meine Lehrtätigkeit an der Universität Birseit wiederaufzunehmen. Die Zahl der Studenten, die an die Universität gelangen konnten, ging um ein Viertel zurück. Die Universität setzte einschneidende Sparmassnahmen durch, da die Studenten keine Gebühren zahlen konnten, und die Zahl der Kurse wurde drastisch reduziert. Ich musste etwas tun in dieser Situation, musste mich aufraffen, mich retten und mir neue Ziele stecken. Ich begann dieses Buch zu schreiben, reflektierte über meine Tätigkeit der letzten sieben Jahre, dokumentierte das Sensible und Gefährdete der gemeinsamen Arbeit, mit all den Enttäuschungen und Rückschlägen, aber auch den vielen kleinen Schritten hin zu Verständigung und Versöhnung. Das Schreiben war eine Therapie, die mich belebte, stärkte und kreatives Denken förderte. Mir wurde klar, dass ich meine Arbeit, mit der Jugend als Zielgruppe, weiterführen wollte, denn auf die Jugend kommt es bei der Gestaltung der Zukunft an. Ich arbeitete ein Programm mit Begegnungen, Kursen, Seminaren und Workshops aus. Schülerinnen und Schüler, Studentinnen und Studenten der Universität sowie junge Mütter aus Birseit-Stadt nahmen daran teil. Ähnliche Schulungen wurden auch für palästinensische Studierende in Deutschland und in der Schweiz entwickelt und durchgeführt.

Folgende Themen werden angesprochen:
- Gewaltfreie Kommunikation und Dialogfähigkeit
- Persönlichkeitsentwicklung, Selbstvertrauen, Selbsterkenntnis
- Konfliktmanagement: Umgang mit Wut, Zorn, Angst, Demütigung, Folter und Trauer
- Umgang mit der Gewalt, die uns zugefügt wird, und mit der Gewalt, die wir anderen zufügen
- Fragen der Zivilgesellschaft, der Menschenrechte und der Demokratie
- Soziale Kompetenz und politische Bildung
- Umgang als Palästinenser, Palästinenserin mit der deutsch-jüdischen Geschichte und Bezug zur eigenen Geschichte: Abgrenzung, Annäherung, Verständigung und Versöhnung.

In den Seminaren wird ein Raum geschaffen, in dem junge Menschen über ihre Erfahrungen, ihre Ängste und ihre Verzweiflung sprechen können. In intensiven Diskussionen kommen alle Themen zur Sprache. Für viele Teilnehmerinnen und Teilnehmer beginnt mit dem Kurs ein neuer Lebensabschnitt.

Diese Arbeit gab mir Auftrieb, und ich genoss es, frei und unabhängig von einer Organisation zu sein, ohne Loyalitätszwang gegenüber einem Vorstand und gegenüber politischen Parteien. Mein Geist wurde klar, und ich bekam den Mut, Dinge zu wagen, die ich früher nicht gewagt hätte. Sich mit den israelischen Friedensfrauen zu treffen war nicht mehr möglich; unsere Kontakte beschränkten sich auf Internet und Telefon.

Als ich schon ein Jahr aus Jerusalem weg war, die Situation immer schlimmer wurde und Ohnmacht und Trauer uns beherrschten, hatte ich das Gefühl, keine Luft mehr zu bekommen. Ich musste dieses Eingeschlossensein durchbrechen und beschloss, mich nach Jerusalem zu schmuggeln, denn ich hatte das grosse Bedürfnis, mit meinen israelischen Partnerinnen für Frieden zu sprechen.

Ich vereinbarte mit Gila, Daphna und Terry ein ganztägiges Treffen im American Colony Hotel in Jerusalem. Es tat gut, sich nach einer langen, schweren Zeit wiederzusehen und auszusprechen. Wir erkannten die gemeinsamen Sorgen und Befürchtungen und bekräftigten die Absicht, unsere Ziele nie aufzugeben, in Verbindung zu bleiben und gemeinsam für den gerechten Frieden für beide Völker einzutreten.

Zu Terry, der Direktorin von »Bat Schalom«, sagte ich, dass ich bereit wäre, an zwei aufeinanderfolgenden Tagen in Israel Vorträge zu halten – etwas, was früher fast unmöglich gewesen wäre. Sie freute sich und war sofort bereit, dies zu organisieren. Ich sagte ferner, dass ich mich frei fühlte, ohne Zwänge, und bereit sei, mit ihr in einem Hotel in Tel Aviv zu übernachten, auch wenn das bedeuten würde, die roten Linien zu durchbrechen. So hätten wir genügend Zeit für vertiefte Gespräche und um uns persönlich besser kennenzulernen. Mit den roten Linien bezeichnen wir Menschen in Palästina die Einsicht, dass es in einer anormalen Situation keine Normalisierung der Beziehungen geben kann: Solange die Besatzung anhält und es Besatzer und Besetzte gibt, soll man mit den Besatzern weder essen noch trinken und bei etwaigen Treffen nur politische Gespräche führen, gemäss der Agenda. Diese roten Linien sind eigentliche Vorbeugemassnahmen, die verhindern sollen, dass durch eine »Normalisierung« Kollaborateure rekrutiert werden können. Ich teile und respektiere diese Bedenken und halte mich daran, treu und besorgt um mein Volk.

Ich arbeite seit Jahren mit israelischen Frauen zusammen. Wir wohnen nur eine halbe oder eine Stunde voneinander entfernt. Doch nie war ich bei ihnen zu Hause, und nie waren sie bei mir. Nie haben wir uns getroffen, um gemeinsam zu trinken oder zu essen. Dies ist hart und unmenschlich, aber so vieles ist bei uns unlogisch und absurd. Nun fühlte ich mich ungebunden und in der Lage, die Linien zu überschreiten, denn ich war reifer geworden und war mir meiner Sache sicher. Terry begann sofort, Veranstaltungen im Kibbuz Mizra und in Tel Aviv zu planen. Sie rief bei sieben

Hotels an, um Zimmer zu reservieren. Jedesmal hiess es, es gebe für Terry Greenblatt zwei freie Zimmer, doch sobald mein Name fiel, hiess es, es gebe nur eines für sie. Terry war betroffen und entsetzt und musste die Suche aufgeben.

Ich machte mich auf den Weg und erreichte Jerusalem, das eine halbe Stunde von meinem Wohnort entfernt liegt, nach fünf Stunden, denn ich musste mich an den verschiedenen militärischen Checkpoints vorbeischmuggeln, oft über Felder und steinige Wege, unter Lebensgefahr.

Als ich endlich in Jerusalem ankam, begab ich mich zuerst in die Gassen der Altstadt, um sie zu begrüssen, ihre Atmosphäre zu spüren, ihre Gerüche einzuatmen. Die alten Häuser, die Buden, die Sesampresse, die Bäckereien, auch die heiligen Stätten wollte ich geniessen und mich von ihnen inspirieren lassen. Ich liebe Jerusalem, und ich liess die Atmosphäre der Stadt und ihrer Bewohner auf mich wirken.

Dann ging ich zum Damaskustor und bat mehrere Taxifahrer, mich nach West-Jerusalem zu bringen. Alle weigerten sich, als sie meinen Ausweis sahen. Es sei ihnen verboten, Leute aus den besetzten Gebieten zu transportieren, erklärten sie, sie riskierten hohe Geldstrafen, die Konfiskation ihres Autos für einen Monat und Gefängnisstrafen. Ich konnte es nicht fassen und fragte mich, wieso ich nichts davon gewusst hatte. Viele wüssten es nicht, sagten die Taxifahrer, und sie seien es leid, ständig davon zu berichten: »Wer hört uns denn schon zu!« Man müsse heute das Unmögliche als normal hinnehmen, andernfalls breche man zusammen.

Ich rief Terry an und bat sie um Hilfe. Eine ihrer Freundinnen holte mich dann ab und fuhr mich nach Tel Aviv, einer Stadt, die mir verboten ist. Ich wohne zwar nur vierzig Minuten davon entfernt, kenne jedoch nichts ausser dem Flughafen. Ich war noch nie dort am Strand oder in der Stadt. Nach unserer Ankunft in Tel Aviv versuchte Terry telefonisch, den genauen Ort unseres Treffens zu erfahren. Sie sprach hebräisch, was ich nicht verstehe, aber ich vernahm Strassennamen, die mich zusammenzucken liessen und mir angst machten: Ben-Gurion, Jabotinsky, Balfour, Herzl, Meir, Begin und andere – Namen, die ich aus der Geschichte kenne und die für mich mit der Katastrophe meines Volkes in engem Zusammenhang stehen. Ich war irritiert, verschreckt und völlig durcheinander. Mit den Strassennamen werden Helden verewigt, die für mich mit Grausamkeiten und Verbrechen gegenüber meinem Volk verbunden sind. Ich wünschte mir, dass wir eines Tages gemeinsam unsere Helden bestimmen könnten, Helden, die für beide Seiten gelten. Dazu kann es nur kommen, wenn sich ein Weg zur Versöhnung auftut. Darauf müssen wir hinarbeiten.

Im Saal waren mehr als hundert Leute. Ich begann ganz einfach von meinem Leben zu berichten. Es war beeindrukkend, wie die Menschen reagierten. Sie wollten mehr wissen. Sie erschraken über sich selbst, als sie feststellten, wie wenig sie wussten, hatten sie doch immer gedacht, sie wüssten gut Bescheid. Viele hatten Tränen in den Augen, bedankten sich und gaben dem Wunsch nach weiteren solchen Treffen Ausdruck. Unter den Anwesenden waren Palästinenser aus Israel, die mir Vorwürfe machten, weil ich englisch sprach und nicht arabisch. Sie fanden, es sei an der Zeit, dass die Israelis uns in unserer arabischen palästinensischen Identität wahrnahmen. Sie waren es leid, dass von ihnen verlangt wurde, hebräisch zu sprechen, und dass Hebräisch die einzige akzeptierte Sprache war. Es wurde mir klar, wie sehr diese Palästinenser immer noch für die Anerkennung ihrer Identität und für ihre Gleichberechtigung als Bürger von Israel kämpfen mussten.

Nach der Veranstaltung fuhren wir nach Jerusalem zurück, wo ich im Paulushaus bei Schwester Ruth übernachten konnte, und am nächsten Tag folgte wieder eine Fahrt von zwei Stunden, nach Mizra. Dort kam es zu einer schönen Begegnung. Ein Mann kam auf mich zu und sagte: »Sumaya, ich bin Jacob!« Welcher Jacob? dachte ich, und er fuhr fort: »Jacob Katriel von der Universität Haifa.« Ich hatte mit ihm seit zwei Jahren per E-Mail kommuniziert. Es tat gut, einander von Angesicht zu Angesicht zu begegnen und sich auszutauschen.

Viele riefen mich an, um sich zu bedanken und die Bereitschaft auszudrücken, solche Veranstaltungen an anderen Orten zu organisieren, denn die Begegnung habe ihnen viel gegeben. Solche Begegnungen seien der beste Weg, um einander besser kennenzulernen, hin zu Verständigung und Versöhnung. Leider verhindert die eingeschränkte Bewegungsfreiheit für Palästinenser jegliches Treffen.

Im Juli 2003 rief mich Terry an. Sie wollte sich mit mir treffen, bevor sie in die USA zurückkehrte, wo sie früher gelebt hatte; sie halte es nicht mehr aus in Israel. Viermal versuchte ich, nach Jerusalem zu gelangen, jedoch vergebens.

In einem Brief schrieb Terry mir, dass ihre Tochter sich mit einem hochrangigen Offizier verheiraten wolle, und sie war darüber sehr traurig und verzweifelt. Sie wusste, wie sehr meine Tochter darunter litt, dass ihr Verlobter seit vierzehn Monaten in Haft war und die beiden seit drei Jahren zu heiraten versuchten, vergeblich, denn der Bräutigam wurde immer wieder in Administrativhaft genommen, ohne Begründung, ohne Anklage und ohne Urteil. Seine Haftzeit wurde immer wieder verlängert, wie bei vielen anderen auch, die über Jahre in Administrativhaft gehalten werden, angeblich wegen Gefährdung der Sicherheit des Staates. Die Gefangenen sind Geiseln der Politik. Meine Tochter konnte ihn nicht besuchen, konnte ihm nicht schreiben. Er war im Gefängnis in der Wüste Negev, unter extremen Bedingungen. Terry hatte uns immer wieder angerufen, uns ihre Solidarität bekundet und uns Mut machen wollen. Nun litt sie beim Vergleich unserer beiden Töchter. Die Hilflosigkeit und Ohnmacht, die in ihrem Brief spürbar waren, berührten mich sehr. Sie schrieb, nur die grosse innige Liebe und die instinktive Verbundenheit zwischen Mutter und Tochter bewahre sie vor dem Zerbrechen. Ich brauchte zwei Wochen, um ihr zu antworten, denn die Heirat ihrer Tochter war ein Schlag für mich. Ausgerechnet dir passiert das, Terry? Ich wusste es aber hochzuschätzen, dass sie mir ihre Sorge anvertraut hatte; sie hätte es mir gegenüber nicht zu erwähnen brauchen. Ich spürte, dass sie Hilfe und Trost suchte, und ich schrieb ihr mit viel Anteilnahme zurück. Diese Erfahrung hat unsere Freundschaft gestärkt.

Im Oktober 2003 trafen wir uns in Washington, beim Treffen des »Global Fund for Women« mit zwanzig Frauen aus dem Nahen Osten und den USA. Dort begegneten wir uns nach längerem Getrenntsein mit Lächeln und Tränen und viel Wärme. Wir fühlten uns so verbunden wie noch nie und in grosser Übereinstimmung. Wir präsentierten unsere gemeinsame Arbeit im Rahmen einer Hausparty, die der »Global Fund for Women« als Fund-Raising-Event zur Unterstützung von Frauenprojekten in der Welt organisiert hatte. Wir sprachen auch über unsere gemeinsamen Sorgen, auch über unsere Töchter. Dabei fiel mir auf, dass wir nie ihre Namen erwähnt und immer nur von »meiner Tochter« und »deiner Tochter« gesprochen hatten. Da fragte ich sie: »Wie heisst deine Tochter eigentlich?« – »Schani«, sagte sie, und ich sagte: »Meine heisst Ghada.« Es war ein grosser Schritt, zum erstenmal sprachen wir so etwas Persönliches aus.

Einen Monat später musste ich wieder nach San Francisco, um als Mitglied des Vorstandes an der Jahresversammlung des »Global Fund for Women« teilzunehmen. Terry wohnt in Berkeley, und sie lud mich ein. Ich ging mit meiner Schwester Hiam zu ihr, war zum erstenmal in ihrer Wohnung. Sie hatte zahlreiche Freundinnen eingeladen. Wir assen miteinander zu Abend, ich las aus meinem Buch vor, eine andere Frau las aus ihrem Buch, eine dritte trug ein Gedicht vor, und eine vierte sang ein Lied. Es war schön und voller Wärme, einfach normal, stärkend und wunderbar. Wir verabschiedeten uns mit den Worten: »Wir treffen uns wieder.«

Der Friedensprozess ist im Jahr 2000 zusammengebrochen, und seitdem sind keine Verhandlungen mehr zustande gekommen. Es gebe keine Verhandlungspartner auf palästinensischer Seite, heisst es auf israelischer Seite als Vorwand. Gewalt und Gegengewalt diktieren seitdem das Geschehen, und das Leid wächst weiter. Die »Genfer Initiative« hat jedoch gezeigt, dass es genügend verantwortungsvolle Politiker auf beiden Seiten gibt, die qualifiziert sind und die den Willen haben, einen wahren Frieden für beide Völker zu schaffen. Die Absicht der jetzigen Politik Israels ist es, den Kriegszustand aufrechtzuerhalten, bis der Mauerbau, der 2002 begonnen wurde, vollendet ist. Der Mauerbau ist ein einseitiger Beschluss, der Israel ermöglicht, 58 Prozent des Westjordanlandes zu annektieren. Im Namen der Sicherheit wird die Landnahme und die Ausgrenzung der Palästinenser durchgeführt. UN-Resolutionen, internationale Menschen- und Völkerrechtskonventionen sowie unterzeichnete Verträge werden missachtet und umgangen. Nicht Ethik und Gerechtigkeit, sondern einzig Macht bestimmt die Politik von heute. Die Bezeichnungen »Schutz- oder Sicherheitszaun«, »Trennwand«, »Barriere« oder »Apartheidmauer« schaffen Verwirrung, verschleiern die Realität und zeigen deutlich den Widerspruch zwischen den nationalen Interessen der beiden Völker. Wenn Mauern Sicherheit garantieren, warum werden sie dann zu diesem Zweck nicht auch in anderen Ländern errichtet? Die Antwort ist klar: Hier herrscht eine Besatzung, die Land und Boden will und die die Palästinenser kontinuierlich »aushungern« will.

Der Schaden für Wirtschaft, Bildung und das soziale Leben durch diese den Menschen auferlegte Bewegungseinschränkung und durch den Verlust von Land und Eigentum ist jetzt schon unermesslich hoch und bedroht in einem noch stärkeren Masse als bisher die Existenz der Palästinenser. Wie wird es erst nach Fertigstellung der Mauer sein? Für Beobachter liegt die Vermutung nahe, dass sich mit all dem die Absicht verbindet, den Menschen das Leben so schwer zu machen, dass sie es nicht mehr ertragen und sich entschliessen, das Land zu verlassen. Wäre damit die Sicherheit wiederhergestellt?

Wie viele müssen noch getötet werden? Wie erreicht man, dass keine weitere Generation von Kämpfern heranwächst? Die Antwort ist: Ende der Besatzung und eine gerechte Lösung, entsprechend den internationalen Abkommen, die einen wahren Frieden für beide Seiten bringt. Beide Gesellschaften leiden schwer und sind zunehmend beschädigt durch den Verlust ihrer Menschlichkeit und Moral. Wir brauchen eine internationale Intervention, die beiden Seiten zur Vernunft verhilft. Anschläge auf Zivilisten und das Töten von Menschen sind Verbrechen, die niemals akzeptiert oder gerechtfertigt werden dürfen. Dieser Kreislauf muss sofort durchbrochen werden. Jede Verletzung, jedes Töten, jedes Unrecht vertieft die Gräben der Feindseligkeit und erschwert die Heilung und Genesung auf beiden Seiten. Wir müssen uns selbst gegenüber Rechenschaft ablegen, müssen unser Versagen zugeben und unsere Verantwortung wahrnehmen. Wir müssen unsere Menschlichkeit wahren und unsere Vernunft wiederfinden.

Anhang

Der Schrei der Olivenbäume

Ungeduldig warten wir auf den verspäteten Regen, der die Olivenbäume vom Staub befreien wird, die Zweige geschmeidig macht und das Reifen der Früchte begünstigt. Die Olivenernte beginnt Mitte Oktober und dauert bis Ende November. Die dafür nötigen Hilfsmittel legen wir bereits lange vorher bereit: Leitern, Jutesäcke, grosse Laken zum Ausbreiten unter den Bäumen, grosse Nadeln und Faden zum Zunähen der Säcke, Seile, Sägen, Kanister und vieles mehr. Vor Sonnenaufgang erreichen wir den Olivenhain, um die kühlen Morgenstunden zu nutzen. Jahrhundertealte Verse und spontan verfasste Lieder singen wir beim Pflükken, lockern so die Monotonie der Arbeit auf. Wir singen: »O du Olive, verwandle dich in eine Zitrone in den Händen der Pflückenden« – denn wir wünschen, die Frucht wäre so gross wie eine Zitrone.

Die gepflückten Oliven lassen wir auf die Laken fallen, wo sie dann gesäubert und sortiert werden. Zur Stärkung essen wir Brot, Früchte, Tomaten, Gurken, Eier, Kichererbsenbrei und natürlich Thymian, Olivenöl und Oliven. Die Atmosphäre unter den Bäumen, die Gespräche und Gesänge der anderen Olivenpflücker und das Lachen der Menschen, die vom Tal oder vom gegenüberliegenden Hang herüberschallen, verzaubern die Stunde. Spannend wird es, wenn die Jutesäcke gefüllt werden und wir die Ernte vor uns sehen. Die Säcke werden den Eseln aufgeladen, und wir treten erschöpft den Heimweg an, auf holprigen Wegen über Berg und Tal, mit müden Füssen und schmerzendem Rükken. Unsere Arme und Beine sind von den vielen Dornen der Disteln, Stechginster und anderer Stachelpflanzen zerkratzt und schmerzen manchmal noch Monate später. Geübte können von der Art der Schmerzen auf die Dornenart schliessen, die sie verursacht hat. Begleitet vom Gebimmel der Tragtiere, kommen wir zu Hause an, schmutzig und zu erschöpft zum Sprechen, es ist die Zeit der Besinnung. Wir fühlen uns mit der Natur verbunden. Nach einer warmen Mahlzeit treffen wir uns bei der Ölpresse, um dem Pressvorgang zuzuschauen, die Ölmenge zu segnen und Erfahrungen auszutauschen. Frauen eilen mit frisch gebackenem Brot herbei, das in das frische Öl getaucht und gemeinsam verzehrt wird. Der heisse Tee mit Pfefferminze spült den zurückbleibenden bitteren Geschmack des frischen Öls hinunter und verleiht dem Atem neue Frische.

Die Olivenernte ist harte Arbeit auf steinigem und dornigem Boden, doch wir empfinden die Freude gemeinsamen Schaffens. Diese Arbeit ist in uns und unseren Traditionen tief verwurzelt. Sie ist uns über Generationen anvertraut worden. »Heute pflanzen wir, morgen ernten unsere Kinder« – so folgen wir unseren Vorfahren. »Solange wir Olivenbäume haben, brauchen wir nichts zu fürchten« – so heisst ein anderes Sprichwort. Olivenbäume stehen für unsere Existenz in Palästina.

Deshalb tut es uns sehr weh, wenn Olivenbäume zu Tausenden entwurzelt oder zerstört werden. Das Land wird verbrannt, die Terrassen werden eingeebnet. Ich habe die Zerstörung der Landschaft gesehen, und ich kann die Schmerzen der verletzten Olivenbäume fühlen. In diesem Jahr blieben Tausende von Olivenbäumen ungeerntet, weil

Militärsperren und Angriffe der Siedler die Bauern daran hinderten, zu ihren Feldern zu gelangen. Sie hatten voller Hoffnung auf das Jahr der reichen Ernte gewartet, das jeweils auf ein mageres Erntejahr folgt.

Ich bin dreiundfünfzig Jahre alt und mit diesen Bäumen aufgewachsen. Ich bin Botanikerin. Einundzwanzig Jahre lang habe ich meine Studenten und Studentinnen in diese wundervolle Gegend rund um die Birseiter Universität geführt und ihnen die reichhaltige Flora, Geschichte und Kultur erklärt. Ich habe sie Liebe zur und Respekt vor der Natur gelehrt. Wir wanderten oft in den Umm-Safa-Wald, den ältesten Wald Palästinas, der nur sieben Kilometer von Birseit entfernt liegt, haben dort Pflanzen bestimmt und über ihren Nutzen gesprochen, haben einander auch die Geschichten, Witze und Mythen erzählt, die es über jede Pflanze Palästinas gibt. Ich kenne die Namen und Geschichten all dieser Bäume. Als ich letztmals zu unseren Bäumen ging, musste ich einer militärischen Order zuwiderhandeln, weil wir seit vielen Monaten nicht mehr dorthin gehen dürfen. Auf dem Weg zum Wald schlug mein Herz schnell. Ein Panzer stand dort, mit schweren Waffen ausgerüstet. Ich habe meinen Bäumen zugewinkt, habe sie bei ihren Namen gerufen und ihnen gesagt, wie es mich schmerzt, dass viele von ihnen zerstört werden. Ich ermutigte die Bäume, die noch stehen, zu überleben. Ich werde mit meinen Studenten und meinen Kindern wieder zu ihnen gehen.

Sumaya Farhat-Naser

1948	Staatsgründung Israels, erster arabisch-israelischer Krieg »Nakba« der Palästinenser (Vertreibung und Besetzung)
Juni 1967	Sogenannter »Sechstagekrieg«; Israel besetzt das Westjordanland, den Gasastreifen und Ost-Jerusalem (sowie die syrischen Golanhöhen und die ägyptische Sinai-Halbinsel)
22. Nov. 1967	Der UNO-Sicherheitsrat beschliesst die Resolution 242
Okt. 1973	Jom-Kippur-Krieg zwischen Israel und Syrien/Ägypten; der UNO-Sicherheitsrat beschliesst die Resolution 338
17. Sept. 1978	Die USA vermitteln ein Grundlagenabkommen zwischen Israel und Ägypten (Camp David I)
26. März 1979	Friedensvertrag zwischen Israel und Ägypten
Juni 1982	Die israelische Armee marschiert in den Südlibanon ein und rückt bis Beirut vor; die PLO verlässt den Libanon
Sept. 1982	Massaker in den palästinensischen Flüchtlingslagern Sabra und Schatîla
Dez. 1987	Ausbruch der ersten Intifada
15. Nov. 1988	Die PLO anerkennt erstmals den Staat Israel; Jassir Arafat verurteilt den Terrorismus
Okt. 1991	Madrider Gespräche zwischen Delegierten aus Israel, Ägypten, Libanon, Syrien, Jordanien und Palästinensern; die PLO ist nicht offiziell präsent
19. Febr. 1992	Jitzhak Rabin wird zum israelischen Ministerpräsidenten gewählt
Jan. 1993	Geheimverhandlungen in Oslo zwischen Israel und den Palästinensern
13. Sept. 1993	Grundsatzabkommen »Declaration of Principles«; gegenseitige Anerkennung Israels und der PLO (Oslo-I-Abkommen)

4. Mai 1994	Abkommen von Kairo: palästinensische Selbstverwaltung in Jericho und im Gasastreifen
28. Sept. 1995	Oslo-II-Abkommen: Ausdehnung der palästinensischen Selbstverwaltung
4. Nov. 1995	Ermordung Jitzhak Rabins; Schimon Peres übernimmt interimistisch die Regierungsgeschäfte
20. Jan. 1996	Wahl des palästinensischen Legislativrates und des Präsidenten der Palästinensischen Autonomiebehörde
29. Mai 1996	Benjamin Netanjahu wird zum israelischen Ministerpräsidenten gewählt
15. Jan. 1997	Hebron-Abkommen: Israel übergibt die Stadt zu 80 Prozent an die Palästinensische Autonomiebehörde
23. Okt. 1998	Wye-River-Abkommen: Einigung über weitere Rückzüge Israels aus dem Westjordanland
17. Mai 1999	Ehud Barak wird zum israelischen Ministerpräsidenten gewählt
14. Sept. 1999	Scharm-al-Scheich-Abkommen: Der 13. September 2000 wird als letzter Termin für einen Friedensvertrag festgelegt
Juli 2000	Erfolglose Friedensverhandlungen in Camp David
29. Sept. 2000	Ausbruch der zweiten Intifada, der sog. al-Aksa-Intifada
Jan. 2001	Verhandlungen von Taba ohne Abkommen
6. Febr. 2001	Ariel Scharon wird zum Ministerpräsidenten gewählt
Seit April 2001	setzt sich eine Kriegslogik durch. Die Übergriffe der israelischen Armee auf die palästinensischen Gebiete vervielfachen sich, ebenso der Widerstand der Palästinenser und die Selbstmordattentate
12. Dez. 2001	Die israelische Regierung bezeichnet Jassir Arafat als politisch »nicht mehr relevant« und hält ihn in Ramallah unter Hausarrest

13. März 2002	Verabschiedung der Resolution 1397 durch den Sicherheitsrat der UNO. Diese erwähnt zum erstenmal »zwei Staaten«, Israel und Palästina, die Seite an Seite innerhalb sicherer und anerkannter Grenzen leben
März/April 2002	Operation »Schutzwall«: Besetzung von sechs palästinensischen Städten
16. Juni 2002	Israel beginnt mit der Errichtung eines sogenannten Antiterrorzauns. Die acht Meter hohe und bis zu fünfzig Meter breite Sperranlage besteht teils aus elektronisch gesichertem Drahtzaun, teils aus einer Betonmauer. Sie verläuft östlich der Waffenstillstandslinie von 1967 bis zu zwanzig Kilometer tief im Westjordanland und zementiert Israels Anspruch auf besetztes Gebiet mit völkerrechtlich illegalen Siedlungen
29. April 2003	Machmud Abbas wird erster Ministerpräsident der Palästinensischen Autonomiebehörde
30. April 2003	Veröffentlichung der Road Map, welche die Schaffung eines palästinensischen Staates in Etappen für 2005 vorsieht. Sie wird unterstützt von den Vereinigten Staaten, der Europäischen Union, den Vereinten Nationen und Russland
6. Sept. 2003	Machmud Abbas reicht nach monatelangem Machtkampf seinen Rücktritt ein. Jassir Arafat nominiert Parlamentspräsident Achmed Kurei zum neuen Ministerpräsidenten
1. Dez. 2003	Offizielle Lancierung der »Genfer Initiative«, der Friedensinitiative, die aus nichtoffiziellen Verhandlungen, geführt von Persönlichkeiten beider Seiten, gewachsen ist
März/April 2004	Israel tötet den Gründer und Anführer der Hamas, Scheich Achmed Jassin, und dessen Nachfolger Abdalasis Rantisi
Juni/Juli 2004	Die Sperranlage wird vom israelischen Obersten Gericht in Teilen des Verlaufs, vom Internationalen Gerichtshof in Den Haag insgesamt für rechtswidrig erklärt
11. Nov. 2004	Jassir Arafat stirbt in Paris

Die erste Jerusalem-Link-Deklaration von 1996

Wir palästinensischen und israelischen Frauen, verbündet im Engagement für einen gerechten und dauerhaften Frieden zwischen unseren Völkern, bestätigen unseren Willen zur Zusammenarbeit im Rahmen von »Jerusalem Link«. Unser Ziel ist die schnelle Realisierung unserer gemeinsamen Friedensvision. Diese beruht auf folgenden Prinzipien:

1. Anerkennung des Selbstbestimmungsrechts beider Völker in diesem Land durch die Schaffung eines palästinensischen Staates neben dem israelischen.
2. Die Stadt Jerusalem: zwei Hauptstädte für zwei Staaten.
3. Die Grundsatzerklärung von Oslo (unterzeichnet am 19.9.1993) und Folgeabkommen müssen integral umgesetzt werden und als Basis dienen bei Verhandlungen für das definitive Abkommen.
4. Die Schlussverhandlungen müssen anknüpfen an den Referenzpunkten, nämlich an den UNO-Resolutionen 242 und 338, und den Oslo-Abkommen.
5. Die Siedlungen und ihre weitere Ausdehnung bilden ein gravierendes Hindernis auf dem Weg zum Frieden.
6. Die Respektierung internationaler Konventionen und die aktive Beteiligung der internationalen Gemeinschaft am Friedensprozess sind entscheidend für seinen Erfolg.
7. Die Realisierung einer politischen Übereinkunft wird den Weg ebnen für den Frieden, für gegenseitiges Vertrauen und gute nachbarschaftliche Beziehungen auf der Basis von Gleichheit und Achtung der nationalen Rechte beider Gemeinschaften und der Menschenrechte.
8. Frauen sind wichtige Partnerinnen im Friedensprozess. Ihre Beteiligung an den Verhandlungen und den Regierungen ist entscheidend für die Verwirklichung eines offenen und gerechten Friedens.
9. Wir Frauen lehnen den Einsatz von Gewalt ab und engagieren uns für die Förderung demokratischer Werte und der Zivilgesellschaft zur Verwirklichung eines dauerhaften Friedens.

Wir rufen die Frauen unserer Region und der ganzen Welt auf, an der Realisierung unserer Vision von Frieden mitzuwirken.

Die zweite Jerusalem-Link-Deklaration von 1999

Wir palästinensischen und israelischen Frauen, verbündet im Engagement für einen gerechten, umfassenden und dauerhaften Frieden zwischen unseren Völkern, bestätigen unseren Willen zur Zusammenarbeit im Rahmen von »Jerusalem Link«. Unser Ziel ist die schnelle Realisierung unserer gemeinsamen Friedensvision. Diese beruht auf folgenden Prinzipien:

1. Anerkennung des Selbstbestimmungsrechts beider Völker in diesem Land durch die Schaffung eines palästinensischen Staates neben dem israelischen Staat entlang der Grenzen vom 4. Juni 1967.
2. Die gesamte Stadt Jerusalem bildet zwei Hauptstädte für zwei Staaten.
3. Die Grundsatzerklärung von Oslo (unterzeichnet am 19. 9. 1993) und Folgeabkommen müssen sofort und integral umgesetzt werden.
4. Schlussverhandlungen müssen unverzüglich auf der Basis der vereinbarten Agenda der »Declaration of Principles« aufgenommen werden, wobei sämtliche relevanten UNO-Resolutionen – inklusive 242 und 338 – als Referenzpunkte dienen.
5. Es ist unsere Überzeugung, dass alle israelischen Siedlungen in den 1967 besetzten Gebieten illegal sind, wie es das internationale Recht festlegt, und daher die Bedingungen für Frieden verletzen.
6. Eine gerechte Lösung der palästinensischen Flüchtlingsfrage bildet eine grundlegende Bedingung für einen stabilen und dauerhaften Frieden. Diese Lösung muss das Rückkehrrecht der palästinensischen Flüchtlinge respektieren in Übereinstimmung mit der UNO-Resolution 194.
7. Die Respektierung internationaler Konventionen, Chartas und Gesetze und die aktive Beteiligung der internationalen Gemeinschaft am Friedensprozess sind entscheidend für seinen Erfolg
8. Die Realisierung eines politischen Friedens wird den Weg ebnen für gegenseitiges Verständnis und Vertrauen, echte Sicherheit und konstruktive Zusammenarbeit auf der Basis von Gleichheit und Achtung der nationalen Rechte beider Gemeinschaften und der Menschenrechte.
9. Frauen müssen zentrale Partnerinnen im Friedensprozess sein. Ihre aktive und gleichberechtigte Beteiligung an Entscheidungsprozessen und Verhandlungen ist entscheidend für die Einlösung eines gerechten und praktikablen Friedens.

10. Wir Frauen sind einer friedlichen Lösung unseres Konfliktes verpflichtet; diese ist auch Mittel zur Förderung demokratischer und gewaltfreier Normen und zur Stärkung der Zivilgesellschaft.
11. Eine friedliche Lösung des palästinensisch-israelischen Konfliktes und der israelische Rückzug aus allen besetzten arabischen Gebieten, inklusive Libanon und Syrien, sind Voraussetzungen für einen gerechten und umfassenden Frieden, der durch gute nachbarschaftliche Beziehungen und regionale Zusammenarbeit charakterisiert sein wird.

Wir rufen die Frauen und Männer unserer Region und der ganzen Welt auf, an der Realisierung unserer Vision von Frieden mitzuwirken.

Zu den in diesem Buch erwähnten UNO-Resolutionen zu Palästina (Auszüge)

Resolution 194
der Vollversammlung der Vereinten Nationen vom 11. Dezember 1948

Die Vollversammlung
[...]
7. Beschliesst, dass die Heiligen Stätten [...], Gotteshäuser und religiösen Stätten in Palästina geschützt und frei zugänglich bleiben sollen
[...]
8. Beschliesst, dass angesichts der Beziehung zu den drei Weltreligionen die Region Jerusalem [...] inklusive die umliegenden Dörfer und Städte [...] unter effektive Kontrolle der Vereinten Nationen gestellt werden sollte [...]
9. Beschliesst, [...] dass allen Einwohnern von Palästina freier Zugang zu Jerusalem gewährt werden sollte [...]
[...]
11. Beschliesst, dass den Flüchtlingen, die in ihre Wohnstätten zurückkehren und in Frieden mit ihren Nachbarn leben wollen, dieses zum frühestmöglichen Zeitpunkt gestattet werden sollte und dass jenen, die nicht zurückzukehren wünschen, Entschädigung für ihr Eigentum sowie für den Verlust oder die Beschädigung des Eigentums zu zahlen ist, was entsprechend den Prinzipien des Völkerrechts oder in Gerechtigkeit von den Regierungen oder den verantwortlichen Behörden vorzunehmen ist;
Beauftragt die Schlichtungskommission, die Repatriierung, Rücksiedlung und ökonomische und soziale Rehabilitierung der Flüchtlinge und die Zahlung der Entschädigung zu erleichtern [...]
[...]

Resolution 242
des Sicherheitsrats der Vereinten Nationen vom 22. November 1967

Der Sicherheitsrat,
in Bekundung seiner anhaltenden Besorgnis über die ernste Lage im Nahen Osten,
unter Betonung der Unzulässigkeit, Gebiete durch Krieg zu erwerben [...],
unter Betonung ferner, dass alle Mitgliedstaaten durch ihre Annahme

der Charta der Vereinten Nationen die Verpflichtung eingegangen sind, in Übereinstimmung mit Artikel 2 der Charta zu handeln,

1. Bekräftigt, dass die Erfüllung der Grundsätze der Charta die Errichtung eines gerechten und dauerhaften Friedens in Nahost verlangt, der die Anwendung der beiden folgenden Grundsätze einschliessen sollte:

(i) Rückzug der israelischen Streitkräfte aus Gebieten, die während des jüngsten Konflikts besetzt wurden;

(ii) Einstellung aller Behauptungen oder Formen eines Kriegszustandes sowie die Beachtung und Anerkennung der Souveränität, der territorialen Unversehrtheit und der politischen Unabhängigkeit eines jeden Staates in dem Gebiet und seines Rechtes, innerhalb sicherer und anerkannter Grenzen frei von Drohungen und Akten der Gewalt in Frieden zu leben;

2. Bekräftigt ferner die Notwendigkeit,

a) die Freiheit der Schiffahrt auf den internationalen Wasserstrassen der Region zu garantieren;

b) eine gerechte Regelung des Flüchtlingsproblems zu verwirklichen;

c) die territoriale Unversehrtheit und politische Unabhängigkeit eines jeden Staates in der Region zu garantieren, indem Massnahmen zur Errichtung demilitarisierter Zonen getroffen werden;

[...]

Resolution 338
des Sicherheitsrats der Vereinten Nationen vom 22. Oktober 1973

Der Sicherheitsrat

1. Ruft alle Parteien des gegenwärtigen Kampfes auf, das Feuer einzustellen und jede militärische Tätigkeit sofort zu beenden, nicht später als zwölf Stunden nach dem Zeitpunkt der Annahme dieses Beschlusses, und zwar in den Stellungen, die sie jetzt innehaben;

2. Ruft alle betroffenen Parteien auf, unverzüglich nach der Feuereinstellung mit der Durchführung der Resolution 242 (1967) des Sicherheitsrates in allen Teilen zu beginnen;

3. Beschliesst, dass unmittelbar nach dem Beginn des Waffenstillstandes unter angemessener Schirmherrschaft Verhandlungen zwischen den betroffenen Parteien aufgenommen werden sollen, die einen gerechten und dauerhaften Frieden im Nahen Osten zum Ziel haben.

Die Friedensabkommen zwischen Israel und den Palästinensern

Oktober 1991: Madrider Gespräche
Auftakt zu ersten bilateralen israelisch-arabischen Verhandlungen, unter Beteiligung aller Konfliktparteien ausser der PLO. Die Palästinenser nehmen im Rahmen einer gemischten Delegation mit Jordanien teil. Zu den Grundlagen gehören die Resolutionen 242 und 338 des UNO-Sicherheitsrats. Diese Konferenz definiert die Bedingungen, die Grundlagen und die Agenda weiterer Gespräche. Die Verhandlungen werden in Washington weitergeführt.

*September 1993: Die »Declaration of Principles« (Oslo I)**
Nach Geheimverhandlungen zwischen Israel und der palästinensischen Führung wird im September 1993 das Grundsatzabkommen, die »Declaration of Principles«, unterzeichnet. Als Voraussetzung hat zuvor Jassir Arafat den Staat Israel anerkannt, und die israelische Regierung akzeptiert die PLO als legitime Repräsentantin des palästinensischen Volkes. Es kommt zum berühmten Handschlag Rabin-Peres-Arafat-Clinton am 13. September 1993 vor dem Weissen Haus in Washington. Im Abkommen wird vereinbart, dass nach einer Übergangsperiode von fünf Jahren »Verhandlungen über einen dauerhaften Status« aufzunehmen sind, in welchen über die »verbleibenden Fragen, darunter Jerusalem, Flüchtlinge, Siedlungen, Sicherheitsregelungen und Grenzen« gesprochen werden soll. Die Kompetenzen der palästinensischen Selbstverwaltung werden festgelegt.

Mai 1994: Abkommen von Kairo – das Gasa-Jericho-Abkommen
Ratifizierung der Durchführungsbestimmungen zum Oslo-I-Abkommen: Israel verpflichtet sich zum Rückzug aus Jericho und aus 60 Prozent des Gasastreifens. Weitere Räumungen besetzter Gebiete durch die israelische Armee werden für die folgenden fünf Jahre vereinbart.
Die Palästinensische Autonomiebehörde (PNA) nimmt ihre Arbeit auf.

September 1995: Abkommen von Taba (Oslo II)
Unterzeichnung des Interimsabkommens, das die palästinensischen Selbstverwaltungsrechte im Westjordanland definiert. In diesem Ab-

* Die Osloer Friedensverhandlungen dauerten von 1993 bis September 1995; sie wurden in das Oslo-I-Abkommen und das Oslo-II-Abkommen unterteilt. In der Literatur wird die Bezeichnung »Oslo I« sowohl für die »Declaration of Principles« wie auch für das Gasa-Jericho-Abkommen verwendet.

kommen wird das Westjordanland in drei Zonen eingeteilt, die A-, B- und C-Gebiete. Die PNA übernimmt die Kontrolle über die wichtigsten Städte des Westjordanlandes.

Januar 1997: Hebron-Protokoll
Mit einem Jahr Verspätung wird im Hebron-Protokoll der im Oslo-II-Abkommen vorgesehene Rückzug der israelischen Armee aus Hebron geregelt. Allerdings wird nicht ganz Hebron der PNA überlassen, 20 Prozent bleiben unter Kontrolle der israelischen Armee, wodurch die Stadt gespalten wird.

Oktober 1998: Wye-River-Abkommen
Die Gespräche über weitere israelische Rückzüge werden nach einer Phase der Blockierung wiederaufgenommen. Israel verpflichtet sich zum Rückzug aus weiteren 13 Prozent des Westjordanlandes innerhalb von drei Monaten sowie zur Öffnung einer sicheren Transitroute zwischen dem Westjordanland und dem Gasastreifen. Ausserdem sollen 700 palästinensische Gefangene freigelassen werden. Die PNA verpflichtet sich, mit Hilfe der CIA gegen terroristische Organisationen vorzugehen. Der versprochene Rückzug hat jedoch nie stattgefunden.

September 1999: Scharm-al-Scheich-Abkommen
Unterzeichnung der Ausführungsbestimmungen zum Wye-River-Abkommen zwischen Arafat und dem neuen israelischen Präsidenten Barak. Im Abkommen wird vereinbart, dass die Verhandlungen über den endgültigen Status der palästinensischen Gebiete unmittelbar beginnen und innerhalb von fünf Monaten zu einer umfassenden Vereinbarung führen sollen.

Juli 2000: Camp-David-Verhandlungen
Gipfeltreffen, auf welchem US-Präsident Clinton versucht, die Kontrahenten vor Ablauf der Interimsperiode zu einem umfassenden Rahmenabkommen zu bewegen. Die Verhandlungen scheitern an der Frage des Rückkehrrechts palästinensischer Flüchtlinge sowie am Status von Jerusalem.

Oktober 2000: Gipfel von Scharm al-Scheich
Das Abkommen sieht ein Ende der seit dem Ausbruch der neuen Intifada (September 2000) anwachsenden Gewalt vor, die Bildung einer Untersuchungskommission und eine Aufhebung der Abriegelung der besetzten Gebiete.

Januar 2001: Verhandlungen von Taba
Beim Treffen von Taba kommen sich die palästinensische und israelische Seite näher denn je, insbesondere in der Frage der Siedlungen. Vor den israelischen Wahlen Anfang Februar 2001 kommt allerdings kein Abkommen mehr zustande.

Quellen: Gernot Rotter, Schirin Fathi. *Nahostlexikon. Der israelisch-palästinensische Konflikt von A–Z.* Heidelberg 2001; »Zehn Jahre ›Friedensprozess‹«. *Le Monde diplomatique* Nr. 6293 vom 10. 11. 2000; *Chronology of the Arab-Israeli Peace Process 1991–1999.* Universitat de Barcelona.

Die Herausgeberinnen

Chudi Bürgi, geboren 1956, Studium der Germanistik und Volksliteratur in Zürich und Berlin. Langjährige Beschäftigung mit Literatur aus verschiedenen Kulturen als Journalistin und (Mit-)Herausgeberin, unter anderem von *Küsse und eilige Rosen. Die fremdsprachige Schweizer Literatur* (1998). Seit 1994 Mitarbeiterin der Kulturvermittlungsstelle »Kultur und Entwicklung« in Bern.

Manuela Reimann, geboren 1965, studierte Geschichte und Ethnologie mit Spezialgebiet Naher Osten/Palästina. Sie war während sechs Jahren Redaktorin der *Zeitschrift für Friedenspolitik* und veröffentlichte auch in anderen Publikationen Artikel über Palästina und insbesondere über die Situation der palästinensischen Frauen. Heute arbeitet sie als PR-Beauftragte der Kornhausbibliotheken in Bern.

Dorothee Wilhelm, geboren 1963, studierte Theologie und Pädagogik mit Spezialgebiet Antisemitismus in christlicher feministischer Theologie. Sie arbeitete fünf Jahre für die Frauenstelle für Friedensarbeit des »Christlichen Friedensdienstes«. Sie ist Mitglied der Redaktionskommission der *Neuen Wege* und arbeitet heute als Projektverantwortliche für Migrationsfragen und Öffentlichkeitsarbeit beim Büro für die Gleichstellung von Frau und Mann der Stadt Zürich.

Auch in englischer Übersetzung lieferbar

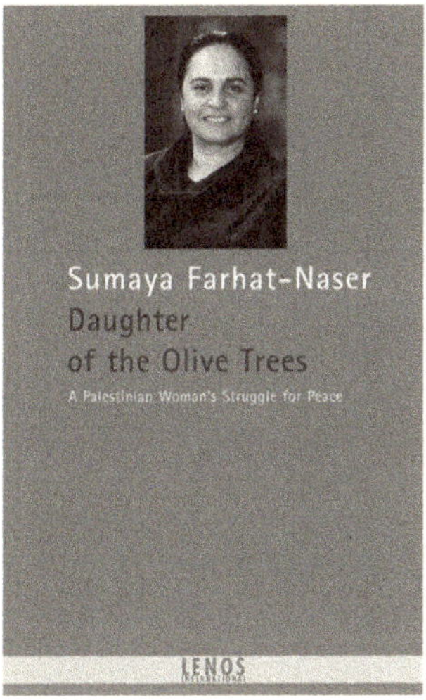

Daughter of the Olive Trees
A Palestinian Woman's Struggle for Peace
Translated from the German by Hilary Kilpatrick
219 pages, paperback
ISBN 978 3 85787 340 9

e-book
ISBN 978 3 85787 581 6 (EPUB)
ISBN 978 3 85787 582 3 (Mobipocket)

Sumaya Farhat-Naser im Lenos Verlag

Im Schatten des Feigenbaums
221 Seiten, broschiert
ISBN 978 3 85787 774 2
Lenos Pocket 174

»Da berichtet eine unbestechliche Zeitzeugin, deren Engagement in einem tiefen Glauben in gewaltfreien Widerstand wurzelt.«
Neue Zürcher Zeitung

Sumaya Farhat-Naser im Lenos Verlag

Thymian und Steine
Eine palästinensische Lebensgeschichte
294 Seiten, broschiert
ISBN 978 3 85787 766 7
Lenos Pocket 166

»Was die autobiographischen Aufzeichnungen und den Lebensweg der Autorin so interessant macht, ist die Verwobenheit von Unterdrükkung, Fremdbestimmung, Entfremdung, Emanzipation und Streben nach politischer Befreiung, die so charakteristisch für ihr Leben ist.«
Frankfurter Allgemeine Zeitung

Sumaya Farhat-Naser im Lenos Verlag

Disteln im Weinberg
Tagebuch aus Palästina
343 Seiten, kartoniert
ISBN 978 3 85787 430 7

»Die Autorin strahlt eine Zuversicht aus, von der man bei all den geschilderten Elendsverhältnissen beim besten Willen nicht weiss, worin sie gründet. Die Stärke von Sumaya Farhat-Naser liegt darin, dass sie trotz allem keinen feindlichen Ton gegenüber den Israeli anschlägt.«
NZZ am Sonntag

Asmi Bischara im Lenos Verlag

Checkpoint
Bericht aus einem zerteilten Land
Aus dem Arabischen von Hartmut Fähndrich
234 Seiten, gebunden, mit Schutzumschlag
ISBN 978 3 85787 377 5

»*Checkpoint* ist … eine Art literarische Reportage zu den israelischen Strassensperren, die jedes normale Alltagsleben und die Berufsausübung für Palästinenser unmöglich machen.«
Südwestrundfunk